烤奶酪三明治的世界之旅

100 种美味可口的烤奶酪三明治食谱，可在家制作

埃里克·布雷安

版权所有。

免责声明

本电子书中包含的信息旨在作为本电子书作者研究过的策略的综合集合。总结、策略、提示和技巧仅由作者推荐，阅读本电子书并不能保证您的结果与作者的结果完全一致。电子书的作者已尽一切合理努力为电子书的读者提供最新和准确的信息。作者及其同事对可能发现的任何无意错误或遗漏概不负责。电子书中的材料可能包含第三方提供的信息。第三方材料包括其所有者表达的意见。因此，电子书的作者不对任何第三方材料或意见承担任何责任或义务。

本电子书版权所有 © 2021，保留所有权利。将本电子书的全部或部分内容重新分发、复制或创建衍生作品是违法的。未经作者书面许可和签字许可，不得以任何形式复制或转发本报告的任何部分。

目录

目录 3

介绍 7
    为什么我们都喜欢烤奶酪三明治 7
    制作烤奶酪三明治 8
    选择奶酪 8

烤奶酪 13
1. 乳清干酪格兰诺拉麦片碎烤奶酪 14
2. 烤宽面条烤奶酪 16
3. 意大利经典烤奶酪 19
4. 地中海肉丸烤奶酪 22
5. 菠菜香蒜酱和鳄梨烤奶酪 25
6. 草莓罗勒火腿烤奶酪 28
7. 乳清干酪和果酱烤奶酪 30
8. 布法罗鸡肉烤奶酪 32
9. 素食披萨烤奶酪 35
10. 鸡肉和华夫饼烤奶酪 38
11. 切达和酵母烤奶酪 41
12. 烤奶酪三明治 44
13. 菠菜和莳萝哈瓦蒂面包 46
14. 芥末黑麦烤杰克 48
15. Radicchio & Roquefort on Pain au Levain 50
16. 黑麦大蒜烤奶酪 52
17. 英国融化奶酪和泡菜 54
18. 新鲜马苏里拉奶酪、意大利熏火腿和无花果酱 56
19. 罕见的蓝纹奶酪烤牛肉 58
20. 洋葱红莱斯特 60
21. 菠菜和莳萝哈瓦蒂面包 62

22. 开面烤切达干酪和莳萝泡菜.................................64
23. 哈利酒吧特价...66
24. CROSTINI ALLA CARNEVALE.................................69
25. 橄榄的意式烤面包..72
26. 蓝纹奶酪和格鲁耶尔奶酪的 CASSE CROÛTE.................74
27. 松露松露孔泰配黑鸡油菌....................................76
28. 山羊奶酪吐司加香料...79
29. 羊乳干酪三明治和甜菜果酱.................................81
30. 伊维萨岛的博卡迪略...85
31. 俱乐部烤三明治..88
32. 威尔士稀有荷包蛋..91
33. 烤火腿、奶酪和菠萝...93
34. 热松饼...97
35. 古巴三明治...100
36. 巴黎烤奶酪...103
37. 伊维萨岛的博卡迪略...105
38. 橄榄面包上的番茄和马洪奶酪..............................107
39. 艾门塔尔梨三明治...110
40. 烤南瓜和豪达..112
41. 黑橄榄面包上的马洪奶酪...................................114
42. 烟熏火鸡、TALEGGIO 和 GORGONZOLA..................118
43. 酸面团上融化的 JARLSBERG..............................120
44. TORTA OF CHICKEN、QUESO FRESCO 和 GOUDA....123
45. 茄子帕尔马干酪帕尼尼......................................126
46. 烤茄子和 CHAUMES,.......................................129
47. PAIN AU LEVAIN 蘑菇和融化奶酪........................133
48. 西西里铁板奶酪配刺山柑和洋蓟...........................136
49. 扇贝香蒜沙司三明治..139
50. QUESADILLAS、PIADINE 和 PITA 三明治..............142
51. 马苏里拉奶酪、罗勒皮亚丁.................................145
52. 南瓜玉米饼上的油炸玉米饼.................................148
53. 意大利辣香肠、普罗卧干酪和山核桃皮塔饼！.........152

54.	烤羊奶酪油炸玉米粉饼	155
55.	烤切达干酪、酸辣酱和香肠	157
56.	Prosciutto & Taleggio with Figs on Mesclun	160
57.	Fontina 配芝麻菜、水菜和梨	163
58.	沙拉三明治	166
59.	铁板哈罗米三明治配酸橙	168
60.	松露吐司和芝麻菜沙拉	172
61.	草莓奶油芝士吐司	175
62.	面包布丁三明治	178
63.	谷物和芝士汉堡	182
64.	黑安格斯汉堡配切达干酪	185
65.	烤美国奶酪和番茄三明治	188
66.	烤苹果和奶酪	190
67.	烤茄子和奶酪包裹	192
68.	核桃烤蓝纹奶酪三明治	195
69.	烤切达干酪和火腿三明治	198
70.	派对烤奶酪和培根	201
71.	烤奶酪意式烤面包	203
72.	烤奶酪饕餮	205
73.	法式吐司烤奶酪	207
74.	烤奶酪面包	209
75.	烤奶酪三明治馅饼	211
76.	洋蓟烤奶酪	214
77.	奥利瓦达烤奶酪	216
78.	烤奶酪配熏火鸡和鳄梨	218
79.	山羊奶酪吐司烤鸡	221

80. 烤奶酪墨西哥卷饼三明治 224
83. 烤双层芝士鸡胸肉 227
84. 烤牛柳配蓝纹奶酪 230
85. 烤鬼和南瓜奶酪三明治 234
86. 新鲜葡萄叶烤山羊奶酪 237
87. 意大利烤奶酪 240

88. 露面奶酪和番茄三明治 242
89. 酸面团、番茄、红蓝奶酪 244
90. Portobello Po'Boys 247
91. 邋遢的干小麦三明治 250
92. 松饼三明治 253

配菜 256

93. 番茄汤 257
94. 西葫芦和西葫芦面包 260
95. 糖醋烤辣椒 263
96. 酸辣酱咖喱芥末 266
97. 芥末配葱和韭菜 268
98. 鲜姜芥末 270
99. 柑橘芥末酱 272
100. 普罗旺斯芥末配红辣椒和大蒜 274

结论 276

介绍

为什么我喜欢烤奶酪三明治

在平底锅中酥脆地烤或烤到融化的嗞嗞声,没有什么比烤奶酪三明治更诱人的了。

当你咬它时,金黄色的吐司在外面嘎吱作响,产生柔软、热、渗出的奶酪。您会感到一阵快感,并为禁忌和熟悉的事物感到颤抖:泥土面包的黄油酥脆和融化的温暖奶酪。如今,奶酪和黄油吐司很可能是一种奢侈的饮食,对某些人来说甚至是禁忌;然而,烤奶酪三明治在烹饪上就相当于一条舒适的毯子。烤奶酪三明治可能是你妈妈喂给你的,你的学校喂给你的,你的童年喂给你的。它可能只是你养活自己和亲密的朋友和家人的东西,至少偶尔是这样。

烤奶酪三明治可能是最简单的制作方法之一,您几乎可以在任何时间用厨房里的食材在不到几分钟的时间内制作出来。早餐、午餐、晚餐、放学后或夜宵……都是享用烤奶酪三明治的最佳时间。

制作烤奶酪三明治

你真的不需要特别的小玩意儿，尽管有一些漂亮的小玩意儿可以创造出酥脆的外表，里面有融化的奶酪。有压扁脂肪卷的压榨机，非常适合制作意大利帕尼尼、古巴三明治、bocadillos 和普通的老式烤奶酪。还有一些三明治机把面包的外边缘紧紧地压在一起，紧紧地，哦，紧紧地粘在一起，把融化的热融化的奶酪包裹起来。（后者在 60 年代在英国非常流行——我听说没有一个家庭。）但确实，一个好的重锅——最好是不粘锅——对煎烤奶酪三明治和肉鸡来说是诀窍非常适合开放式的。

虽然烤奶酪三明治只能是烤面包和奶酪，但一点点点缀就可以把它们带到一个完全不同的层面：刺激、刺激，我敢说，刺激吗？

很少有人能抗拒如此清脆、金黄、渗出的诱惑；我知道我永远做不到。

选奶酪

选择奶酪的主要标准是它是否会融化。

并不是所有的奶酪都会融化。西班牙奶酪（例如 panela）不会融化。Cypriot anari、halloumi 或意大利山区奶酪也没有，比如我曾经在阿西西吃过的那种，在明火上烤。这样的奶酪本身就很美味，但在烤奶酪三明治中却毫无用处。

另一方面，非常奶油的奶酪，味道细腻，质地柔软，天鹅绒般，几乎已经融化了。他们不会在烤奶酪三明治中保持自己的性格和正直。将它们与另一种更坚固、更自信、更时髦的奶酪搭配。

大多数坚硬的可切片奶酪都适合烧烤，可以与其他类似特征的奶酪互换使用。

为了帮助选择，这里有一份按风味和质地分类的奶酪类型迷你指南。

- A. 未成熟的奶酪不会经过成熟过程。这些包括白软干酪、奶油干酪、马斯卡彭奶酪、软山羊奶酪、白奶酪、夸克、印度帕尼尔、罗比奥拉、西班牙和西班牙 Requeson、乳清干酪或简单的酸奶奶酪、labna。它们温和、乳白色、柔软；如果用于烤奶酪三明治，它们往往会失控，因此需要搭配更坚固、更结实的奶酪。
- B. 另一方面，FRESH MOZZARELLA 是为融入诱人的耐嚼细绳而制成的，具有比萨风格。与西红柿、大蒜和意大利风味以及墨西哥莎莎酱或印度咖喱香料搭配得很好。
- C. FETA CHEESE 是一种由压制凝乳制成的半新鲜奶酪；它会部分融化，与其他更易融化的奶酪（如杰克或马苏里拉奶酪）搭配时，在烤奶酪三明治中非常美味。
- D. 双重和三重奶油奶酪富含奶油。对于烤奶酪三明治，最好将它们简单地分层放在热吐司上，让吐司的热量轻轻融化，而不是在平底锅中煮熟。

E. 温和、温和且易于融化的奶酪味道温和，柔软柔软，质地半硬。该名单包括荷兰 Edam 和 Gouda、西班牙门诺尼塔和 Asadero、Bel Paese、Muenster 以及国内或丹麦。Provolone、provatura 和 scamorza 都是温和的意大利奶酪，通常被制成经典的罗马烤奶酪款待：铺在面包上，上面放一两根凤尾鱼，然后烤至发出咝咝声。

F. 柔软、成熟的风味奶酪包括 Reblochon、Tommes、Chaumes 和 Tomme de Montagne，以及修道院奶酪。在欧洲的修道院中发展了几个世纪，它们包括 Port Salut、Saint Paulin、Esrom、Tilsit 和 Havarti。它们丰富而精致；一些，比如 Taleggio 和整个 Stracchino 家族，转向了相当丰富和非常臭——虽然美味——的类别。

G. 瑞士风格的奶酪通常具有坚硬的外皮，内部点缀着由成熟期间奶酪凝乳内的气体膨胀引起的孔洞。

H. 紧实、全味的奶酪金黄可口，但不臭；这些奶酪融化得很好。它们可能是牛奶、山羊奶或绵羊奶，或三者的组合。西班牙 manchego、中等 Asiago、Mahon、陈年 Gouda、Idiazabal、Ossau Iraty Brebis、Italian fontina、caciocavallo、Montasio、tomme de Savoie 和

Ig Vella 的美味 mezzo secco 或部分陈年的 Sonoma Jack——所有这些都值得一试。

I. 切达奶酪是世界上制作最广泛的奶酪之一。奶酪的一个很好的例子是质地坚硬，味道清晰，醇厚。年轻时，切达干酪温和，柔软，有点橡胶味。随着它的成熟，它会产生一种尖锐而浓郁的咬合感，以及一种干燥易碎的成分。

J. 格洛斯特、柴郡、莱斯特、兰开夏、德比、温斯利代尔和卡菲利等英式奶酪都属于切达干酪家族。然而，Wensleydale 和 Caerphilly 更浓郁、更易碎、不易融化（搭配奶油奶酪用于烤奶酪三明治）。

K. 超硬奶酪，如帕尔马干酪、陈年 Asiago、locelli Romano、pecorino（由羊奶制成）、来自希腊岛屿的山区奶酪，如 kofalotiri、grana、dry Jack、Sbrinz、Cotija 和 Enchilado 质地坚硬，味道浓郁，味道浓郁。有些——比如帕尔马干酪——有轻微的坚果味。这些奶酪中的大多数都需要精细磨碎或刨花以获得最佳可溶性。

L. 蓝纹奶酪的特点是果肉带有蓝色、蓝绿色或绿色的纹理，并带有刺鼻的香气和浓郁的味道

M. 花朵或花皮奶酪，如卡门培尔干酪、布里干酪、库洛米尔干酪和 Affinois/pavé d'Affinois 之所以得名，是因为它们的表面会长出轻薄的白色外皮，这是用青霉属候选孢子处理的结果。这些

奶酪的内部应该是柔软的，并且是干草的颜色，或者是浓郁的奶油。

N. 山羊奶酪和绵羊奶酪的味道与牛奶奶酪明显不同。一般来说，他们有一种谷仓的味道。它们可能是新鲜而浓郁的，也可能是成型和陈化成各种形状和大小的。

O. 加香或调味的奶酪在奶酪板上可能显得粗鲁和粗俗，但完美地融化在面包的封面之间。

P. 烟熏奶酪可以是任何种类的奶酪，用木烟处理。普罗卧干酪和马苏里拉干酪都非常适合吸烟（特别适合搭配焦糖洋葱和少许香醋的三明治）。

Q. 味道很重的奶酪，例如 **Limburger**、臭主教、**Maroilles**、**Livarot**、**Pont l'Eveque** 和 **Epoisses**，可能不是每个烤奶酪三明治都适合社交的添加物，但在黑色粗麦粉薄片和纸薄的薄片之间拍打洋葱，或分层放在烤面包上。

R. 加工奶酪通常由一种或两种不同类型的奶酪混合在一起，然后旋转和加热制成。结果，它的成熟过程被阻止。它永远不会发展出个性，因为产生这种东西的微生物在加工过程中会丢失。

烤奶酪

1. 乳酪酱汁法式碎猪肉

原料：

- 15 盎司。凝乳
- 4 个鸡蛋
- 1/2 杯牛奶
- 8 片意大利薄饼
- 1 个小红洋葱，切成薄片
- 5 汤匙软化黄油，分开
- 1/2 杯红糖
- 2 杯格兰诺拉麦片
- 8 片肉桂漩涡面包

方向；

a) 用牛奶搅拌鸡蛋并放在一边。

b) 将薄饼加入预热的煎锅中，用中高温煮至酥脆。取出并放在一边。

c) 将洋葱放入预热的煎锅中，加入 1 汤匙黄油。一旦洋葱开始烹饪，加入红糖，煮至变软。

d) 将格兰诺拉麦片放入碗中，放在鸡蛋碗旁边。

e) 铺上面包片，在每片的一侧涂上黄油，总共使用 2 汤匙黄油。在未涂黄油的一面，铺上一层厚厚的乳清干酪。

f) 在乳清干酪上放上洋葱和薄饼，盖上剩下的面包片。关闭时，将整个三明治浸入鸡蛋混合物中，然后转移到格兰诺拉麦片中，以完全覆盖所有面。

g) 预热一个不粘锅，用中低火融化 2 汤匙黄油。黄油融化后，加入三明治，煮约 90 秒，用抹刀压下。翻转并重复直到变脆。取出，切开，上桌。

2. 烤面包夹奶酪

原料：

- 16 盎司 马苏里拉奶酪，切片
- 15 盎司。凝乳
- 2 汤匙磨碎的帕尔马干酪，分 1/2 茶匙黑胡椒
- 1 茶匙新鲜大蒜，切碎
- 16 盎司 碎牛肉
- 1 汤匙新鲜罗勒，混合
- 8 片意大利面包
- 2 汤匙软化黄油
- 1 茶匙大蒜粉
- 16 盎司 番茄酱，分开的

方向；

a) 在搅拌碗中混合乳清干酪、1 汤匙帕尔马干酪、黑胡椒、大蒜和罗勒。搁置。

b) 用中高温加热一个大煎锅。煮熟并搅拌碎牛肉，直到它完全变成褐色，大约 7-10 分钟。

c) 铺上面包，一面涂上黄油，撒上大蒜粉和剩余的帕尔马干酪。

d) 在 4 块未涂黄油的一面，涂抹乳清干酪混合物（每块约 1-2 汤匙）。将煮熟的碎牛肉铺在乳清干酪上，然后是马苏里拉奶酪片。在剩下的 4 块上，涂上 1-2 汤匙番茄酱，放在马苏里拉奶酪上，使三明治闭合。

e) 移到预热过的平底锅中，用中火煮约 90 秒，用抹刀压下。翻转并重复，直到奶酪融化，呈金黄色。

f) 取出，切块，与剩余的番茄酱一起食用，蘸取或盖上三明治。

3. 意大利熏火腿奶酪三明治

原料：

- 16 盎司 马苏里拉奶酪，切片
- 2 汤匙磨碎的帕尔马干酪
- 4 个香肠馅饼
- 1 个青椒，切成薄片
- 1 个红辣椒，切成薄片
- 1 个小洋葱，切成薄片
- 1/4 杯橄榄油
- 3/4 茶匙大蒜粉
- 8 片意大利面包
- 2 汤匙软化黄油

方向：

a) 在烤架或烤盘上将香肠馅饼的内部温度煮至华氏 165 度。

b) 将切好的辣椒和洋葱放在烤盘上。用大蒜粉轻轻涂上油和灰尘。在 375 华氏度下烘烤 10 分钟直到变软。

c) 把面包片铺好，在一侧涂上黄油。用大蒜粉和帕尔马干酪调味黄油面。

d) 在未涂黄油的一面，铺上一片马苏里拉奶酪、香肠馅饼、辣椒和洋葱，最后放上更多的马苏里拉奶酪。

e) 合上三明治，放入不粘锅中，中火加热。煮大约一分钟，用抹刀压下。

f) 翻转并重复，直到奶酪融化，呈金黄色。取出，切开，上桌。

4. 地瓜肉烤酪

原料：

- 16 盎司 马苏里拉奶酪，切片
- 15 盎司。凝乳
- 2 汤匙帕尔马干酪，分开
- 8 片意大利面包，切厚
- 2 汤匙软化黄油
- 16 盎司 番茄酱
- 4 盎司。香蒜酱或 12-16 片新鲜罗勒叶，与 1/4 杯橄榄油混合
- 2 枝新鲜薄荷（约 12-16 片叶子），切碎
- 8 - 2 盎司。冷冻肉丸（熟），切片

方向；

a) 摆好面包片。在每一面的一侧涂抹黄油，然后在黄油面上撒上 1 汤匙帕尔马干酪。

b) 翻转，在没有涂黄油的一面涂上番茄酱和一层厚厚的乳清干酪。将香蒜酱涂在奶酪上，然后是切碎的薄荷和剩余的帕尔马干酪。接下来，将肉丸片分层，并在上面放上马苏里拉奶酪。

c) 关闭三明治并移至中等预热的不粘锅。煮大约 90 秒，用抹刀压下。翻转并重复，直到奶酪融化，呈金黄色。取出，切开，上桌。

5. 菠菜酱鳕鱼芝士

原料：

- 16 盎司 马苏里拉奶酪，切片
- 15 盎司。凝乳
- 1 汤匙帕尔马干酪，磨碎的
- 2 汤匙新鲜罗勒，切碎
- 8 片大理石黑麦面包
- 2 汤匙软化黄油
- 1 - 8 盎司。包装冷冻菠菜，解冻并沥干
- 2 个鳄梨（成熟），去核并切片

方向：

a) 在小搅拌碗中混合乳清干酪、香蒜酱和帕尔马干酪，并用叉子搅拌直至混合。折叠使乳清干酪更加蓬松。搁置。

b) 把面包片摆好，在每片的一侧涂上黄油。

c) 将 1-2 汤匙乳清干酪混合物涂抹在 4 片未涂黄油的一侧。

d) 把菠菜切碎，放在乳清干酪一侧，然后是鳄梨和马苏里拉奶酪。

e) 关闭三明治并放入中等预热的平底锅中。煮大约 **90** 秒，用抹刀压下。翻转并重复，直到奶酪融化，呈金黄色。取出，切开，上桌。

6. 草莓羅勒加烈起司

原料：

- 12 盎司 新鲜马苏里拉奶酪，切片
- 8 片白面包，切厚
- 2 汤匙软化黄油
- 8 个新鲜草莓（中到大），切成薄片
- 12 片新鲜罗勒叶，整片
- 8 片意大利熏火腿，切成薄片
- 2 盎司 香脂釉

方向：

a) 将面包片和黄油放在每一面的一侧。

b) 在未涂黄油的一面，铺上新鲜的马苏里拉奶酪、草莓、罗勒叶和意大利熏火腿。淋上香脂釉；将剩余的面包放在上面并转移到预热的不粘锅中。煮大约一分钟，用抹刀压下。翻转并重复直到金黄色。

c) 取出，如果需要，在顶部淋上额外的香脂釉，切开即可食用。

7. 乳酪番茄烤鸡肉

原料：

- 15 盎司。凝乳
- 4 汤匙杏仁黄油
- 2 茶匙蜂蜜
- 12 片烟肉（培根可以代替）
- 8 片白面包，切厚
- 2 汤匙软化黄油
- 8 汤匙草莓酱或果冻

方向

a) 在一个小的搅拌碗中，混合杏仁黄油、蜂蜜和乳清干酪。搁置。

b) 将薄饼煮至酥脆。

c) 把面包片摆好，在每片的一侧涂上黄油。翻转面包，在未涂黄油的一面涂上乳清/杏仁黄油混合物，然后涂上果冻/果酱，然后涂上意大利薄饼。

d) 合上三明治，移到预热过的平底锅中，用中低火加热。

e) 煮约 90 秒，用抹刀翻转并重复至金黄色。取出，切开，上桌。

8. 布法罗鸡肉奶酪三明治

原料：

- 16 盎司 马苏里拉奶酪，切片
- 4 - 4 盎司。去骨鸡胸肉，切片 1/4 杯植物油 1/2 杯辣酱
- 1 个芹菜茎，小
- 1 个胡萝卜，小
- 8 片白面包
- 2 汤匙软化黄油
- 1 杯蓝纹奶酪酱

方向

a) 把鸡肉放在盘子里。在两面涂上油，放在预热的烤架或烤盘上。煮至 165 华氏度的内部温度，大约。每边 3 分钟。从烤架上取下，放入辣酱中。搁置。

b) 将芹菜切成小块。用盒子刨丝器剥胡萝卜和刮胡子。

c) 取 8 片面包，一面涂上黄油，另一面涂上蓝纹奶酪。在蓝纹奶酪一侧，铺上马苏里拉奶酪、鸡肉、芹菜、胡萝卜，最后再铺上更多马苏里拉奶酪。

d) 上面放另一片面包，放在不粘锅中，中火加热。煮大约一分钟，用抹刀压下。

e) 翻转并重复,直到奶酪融化,呈金黄色。取出,切开,上桌。

9. 義式烤酪

原料：

- 16 盎司 马苏里拉奶酪，切片
- 15 盎司。凝乳
- 4 汤匙帕尔马干酪，分开
- 1 个茄子，小
- 2 个红辣椒
- 1 个西葫芦，大的
- 3/4 杯橄榄油，分开的
- 1 茶匙新鲜大蒜，切碎
- 4 - 8 英寸披萨皮，预煮
- 1 枝新鲜迷迭香，去茎并切碎

方向

a) 将烤箱预热至华氏 375 度。

b) 茄子去皮，切成 1/4 英寸的薄片。将辣椒和西葫芦切成 1/4 英寸的薄片。把蔬菜放在烤盘上，轻轻涂上橄榄油。在烤箱中以 375 度烘烤 15-20 分钟直至变软。

c) 在一个搅拌碗中，加入乳清干酪、大蒜和一半的帕尔马干酪，用叉子搅拌直至混合。折叠使乳清干酪更加蓬松。搁置。

d) 将预烤好的比萨饼皮铺好，轻轻涂上剩余的橄榄油。在一侧撒上切碎的迷迭香和剩余的帕尔马干酪。翻转，在未调味的一侧涂抹乳清干酪混合物。搁置。

e) 蔬菜做好后，将茄子、西葫芦和辣椒放在乳清干酪一半的外壳上，然后是马苏里拉奶酪，从而组装三明治。关闭并放入预热的平底锅或不粘锅中，以中低火加热。确保平底锅比外壳大。

f) 煮大约 90 秒，用抹刀压下。翻转并重复，直到金黄色和奶酪完全融化。取出，切开，上桌。

10. 鸡肉华夫饼奶酪

原料：

- 16 盎司 马苏里拉奶酪，切片
- 12 片意大利培根，切薄
- 1 汤匙枫糖浆
- 1/2 杯蛋黄酱
- 2 个新鲜桃子（或 1 小罐桃子，沥干）
- 8 个冷冻华夫饼
- 2 汤匙软化黄油
- 4 - 4 盎司。无骨鸡胸肉
- 1 杯面粉
- 1 杯酪乳牧场调料
- 2 杯植物油

方向

a) 在不粘锅中煮薄煎饼，直到稍微变脆。

b) 将糖浆和蛋黄酱混合并放在一边。

c) 将桃子切成薄片。

d) 把华夫饼和黄油放在每个的一边。翻转并在华夫饼的非黄油面涂抹蛋黄酱混合物。

e) 面粉鸡肉，然后将鸡肉浸入牧场调料中，然后再放入面粉中。

f) 将植物油在平底锅中加热至中火，将鸡肉煮至两面呈棕色，内部温度达到 165 度。

g) 在华夫饼的蛋黄酱一侧，铺上马苏里拉奶酪、鸡肉、意大利烟肉、桃子，最后加入更多的马苏里拉奶酪和另一个华夫饼。

h) 在中火不粘锅中，煮一分钟，用抹刀压下。翻转并重复，直到奶酪融化，呈金黄色。取出，切开，上桌。

11. 烤奶酪三明治

产量 1 份

原料：

- 2 块酸面包
- 1.5 汤匙无盐黄油
- 1.5 汤匙蛋黄酱
- 3 片切达干酪

方向

a) 在砧板上，在每片面包的一侧涂上黄油。

b) 把面包翻过来，在每一片面包上涂上蛋黄酱。

c) 把奶酪放在一块面包涂了黄油的一面。在上面放第二片面包，蛋黄酱朝外。

d) 用中低温加热不粘锅。

e) 将三明治放在平底锅上，蛋黄酱面朝下。

f) 煮 3-4 分钟，直到金黄色。

g) 用抹刀将三明治翻过来，继续煮至金黄色，大约 2-3 分钟。

12. 烤酪乳胎

产量 2

原料：

- 4 片白面包
- 3 汤匙黄油，分开
- 2 片切达干酪

方向

a) 用中火预热煎锅。

b) 在一片面包的一侧涂上大量黄油。将面包黄油面朝下放在煎锅底部，加入 1 片奶酪。

c) 在另一片面包上涂黄油，然后将黄油面朝上放在三明治上。

d) 烤至微焦并翻转；继续烧烤直到奶酪融化。

e) 对剩下的 2 片面包、黄油和奶酪片重复上述步骤。

13. 菠菜甜夢乾酪麵包

供应 4

原料：

- 8 片意大利乡村风味白面包薄片
- 3-4 汤匙白松露酱或其他松露或松露牛肝菌
- 4 盎司 Taleggio 奶酪，切片
- 4 盎司方蒂娜奶酪，切片软黄油，用于涂抹在面包上

方向

a) 在每片面包的一侧轻轻涂抹松露酱。顶部的 4 个切片是 Taleggio 和 fontina，然后在每个切片上放上另一个松露酱 - 涂抹面包。

b) 在每个三明治的外面轻轻涂抹黄油，然后用中高温加热帕尼尼压榨机或重型不粘锅。

c) 把三明治烤成棕色，转动一两次，直到面包变脆变金，奶酪融化。

d) 立即上桌，散发着松露和渗出的融化奶酪的芬芳，切成四分之一或精致的酒吧。

14. 黑醋配味

供应 4

原料：

- 2 汤匙绿橄榄酱
- 3 汤匙温和的第戎芥末
- 8 片种子黑麦面包
- 8-10 盎司杰克奶酪，或其他温和的白奶酪（如 Havarti 或 Edam），切片
- 刷面包用的橄榄油

方向

a) 在一个小碗里把酱汁和芥末混合。
b) 把面包铺好，在一侧铺上 4 片，只用芥末酱调味。在上面放上奶酪和第二片面包，然后压在一起。
c) 在每个三明治的外面轻轻刷上橄榄油，然后在三明治机、帕尼尼压榨机或重型不粘锅中煎成棕色，加权当三明治变成褐色时按下它们。
d) 用中高温烹饪，直到外面稍微变脆，奶酪在里面融化。
e) 趁热享用，呈金黄色。

15. Radicchio & Roquefort on rye

供应 4

原料：

- 6-8 盎司羊乳干酪
- 8 片 Pain au levain 或酸面包
- 3 汤匙烤粗切山核桃
- 4-8 片大叶菊苣
- 刷牙用的橄榄油，或涂在面包上的软黄油

方向

a) 将罗克福奶酪均匀地涂抹在所有 8 片面包上。

b) 在 4 片芝士片上撒上山核桃，然后在每片上面放上 1 片或 2 片菊苣；使用足够的叶子从边缘窥视。在每个上面放第二片奶酪面包，然后压在一起密封。在外面刷上油或黄油。

c) 用中高温加热一个沉重的不粘锅或帕尼尼压榨机。将三明治放入锅中，根据锅的大小分两批工作。根据体重减轻提示，然后煮，转动一两次，直到面包变脆，奶酪融化。

d) 立即上桌，切成两半或四分之一。

16. 黑松露芝士

供应 4

原料：

- 4 片大而厚的酵母黑麦面包
- 4 瓣大蒜，减半
- 4-6 盎司羊乳酪，切成薄片或碎
- 2 汤匙切碎的新鲜细香葱或葱
- 约 6 盎司切成薄片或切碎的温和的白色融化奶酪，例如 Jack、medium Asiago 或 Chaume

方向

a) 预热肉鸡。
b) 在烤肉机下面的烤盘上轻轻烤面包。用大蒜擦两面。把剩下的大蒜切碎，放在一边。
c) 将羊乳酪放在涂有大蒜的吐司上，撒上剩余的切碎大蒜，然后撒上细香葱，再撒上第二块奶酪。
d) 烤至奶酪融化并发出咝咝声，有轻微的褐色斑点，吐司的边缘又脆又褐色。
e) 马上上桌，热气腾腾的。

17.　英式烤蔬菜

供应 4

原料：

- 4 片美味的白面包或全麦面包
- 大约 3 汤匙泡菜，粗切
- 6-8 盎司成熟的切达干酪或英国柴郡，切片

方向

a) 预热肉鸡。
b) 把面包放在烤盘上。在烤肉机下轻轻烤一下，然后取出泡菜，将泡菜大方地铺在烤好的面包上；上面放上奶酪，放在烤肉机下面，直到奶酪融化。

18. 新鲜马苏里拉奶酪意大利火腿蛋沙拉酱

供应 4

原料：

- 4 个法国或意大利软面包卷（或半生的，如果有的话）
- 10—12 盎司新鲜马苏里拉奶酪，切成厚片
- 8 盎司意大利熏火腿，切成薄片
- $\frac{1}{4}$-$\frac{1}{2}$ 杯无花果酱或无花果蜜饯，品尝
- 涂在面包上的软黄油

方向

a) 把每一卷都分开，铺上马苏里拉奶酪和意大利熏火腿。用无花果酱涂抹顶部切片，然后合上。

b) 在每个三明治的外面涂上少许黄油。

c) 用中高温加热一个沉重的不粘锅或帕尼尼压榨机。将三明治放入锅中，根据锅的大小分两批工作。请按三明治或者关上烤架，烤一会，转一两次，直到面包变脆，奶酪融化。虽然卷开始时是圆形的，但一旦按下它们就会变得相当平坦并且可以很容易地转动，尽管要小心。

19. 罕也盖奴酪猪肉

供应 4

原料：

- 4 个柔软的酸面团或甜面包卷（或者如果有的话，1 个半生的法国面包，切成 4 份）
- 10-12 盎司蓝纹奶酪，在室温下更容易涂抹
- 8-10 盎司稀有烤牛肉，切成薄片
- 一把豆瓣菜叶
- 涂在面包上的软黄油

方向

a) 把每一卷都分开，然后在每一面都撒上蓝纹奶酪。在每一卷中，将烤牛肉分层，然后是豆瓣菜叶，然后再次合上，压紧密封。
b) 在每个三明治的外面涂上少许黄油。
c) 用中高温加热一个沉重的不粘锅或帕尼尼压榨机。
d) 将三明治放入锅中，根据锅的大小分两批工作。
e) 根据体重减轻小费，然后煮，转动一两次，直到面包变脆，奶酪融化。

20. 绿咖特慈

供应 4

原料:

- 8 片柔软的全麦薄片、发芽的小麦浆果、荸荠或丰盛的白色,如土豆面包
- $\frac{1}{2}$ 个中等大小的洋葱,去皮并横向切成薄片
- 10-12 盎司温和的切达干酪
- 用于刷牙的橄榄油或用于涂抹在面包上的软黄油
- 一种温和、活泼、非常有趣的芥末选择

方向

a) 把面包片铺开。在 4 片面包上放一层洋葱,然后用足够的奶酪完全覆盖面包和洋葱。在每个上面放上剩下的面包片,形成三明治,然后压在一起。

b) 在三明治外面刷上橄榄油或涂上软黄油。

c) 用中高温加热一个沉重的不粘锅或三明治压榨机,然后加入三明治并将热量降至中等。放置一个重量在上面如果使用煎锅,如果有燃烧的危险,请降低热量。经常检查;当一侧呈金黄色和片状棕色时,将它们翻过来,减轻重量,然后将第二面变成棕色。

d) 立即上桌,切成楔形或三角形,佐以芥末涂抹。

21.

供应 4

原料：

- 2 瓣大蒜，切碎
- 2 汤匙特级初榨橄榄油，分开
- 1 杯煮熟的切碎菠菜，沥干并挤干
- 8 片杂粮面包或 1 片佛卡夏，约 12 × 15 英寸，水平切割
- 8 盎司莳萝哈瓦蒂，切片

方向

a) 在中低热量的重型不粘锅中，用 1 汤匙橄榄油加热大蒜，然后加入菠菜，一起煮一两分钟以加热。

b) 在 4 片面包（或意式薄饼的底层）上，排列奶酪，然后在上面放上菠菜和第二片面包（或意式薄饼的顶部）。

c) 压在一起密封好，然后用剩余的橄榄油轻轻刷三明治的外面。

d) 把煎锅里的三明治煎成棕色，加权他们，或者在帕尼尼压榨机中用中高温加热。煮至一侧微微酥脆并呈金黄色，然后将另一侧翻面并变成褐色。奶酪融化后，三明治就做好了。

e) 立即上桌，沿对角线切割。

22. 开式烤奶酪和腌黄瓜

供应 4

原料：

- 4 片优质白面包
- 6-8 盎司成熟的切达干酪，切成薄片
- 1-2 个甜小黄瓜或犹太莳萝泡菜，切成薄片

方向

a) 预热肉鸡。
b) 在烤肉机下轻轻烤面包，然后在每片面包上放一点奶酪、泡菜和更多的奶酪。烤至奶酪融化，面包边缘变脆变褐。
c) 马上上桌，切成四等份。

23. 哈瓦那酥

12；供应 4

原料：

- 6 盎司 Gruyère、Emmentaler 或其他瑞士奶酪，粗切碎
- 2-3 盎司烟熏火腿丁
- 一大撮干芥末
- 几杯伍斯特沙司
- 1 汤匙鲜奶油或酸奶油，或者足够把它们放在一起
- 8 片非常薄的致密白面包，外壳切掉
- 用于刷牙的橄榄油或用于涂抹在面包上的软黄油

方向

a) 在一个中等大小的碗里，将奶酪与熏火腿、芥末和伍斯特沙司混合。混合均匀，然后加入奶油，加入足够的量使其形成牢固的混合物并保持在一起。

b) 将奶酪和火腿混合物非常厚地涂抹在 4 块面包上，然后将另外 4 块放在上面。压在一起，将三明治切成 3 个手指。

c) 在三明治的外面刷上橄榄油，然后在一个厚重的不粘锅中用中高温将它们变成褐色，在烹饪时用抹刀将它们压下。当第一面稍微酥脆时，把它们翻过来，让第二面变成褐色。

d) 趁热上菜，马上。

24.

16；供应 4

原料：

- 16 片法式长棍面包片，沿对角线切割，最好有点陈旧
- 2 汤匙特级初榨橄榄油
- 3 瓣大蒜，切碎，分开
- 4 盎司乳清干酪
- 4 盎司温和的 Asiago、Jack 或 fontina 奶酪，切丁、粗切丝或切成条状
- 6-8 个樱桃番茄，切成四等份或切丁
- 2 汤匙切碎的烤红辣椒
- 1-2 汤匙罗勒香蒜酱

方向

a) 预热肉鸡。
b) 将法式面包片和橄榄油一起倒入碗中，然后在烤盘或烤盘上单层排列。在烤肉机下烤约 5 分钟，或直到略呈金黄色。取出吐司和一半大蒜一起搅拌。搁置。
c) 在一个小碗里，将剩余的大蒜与乳清干酪、Asiago、樱桃番茄、辣椒和香蒜酱混合。

d) 在每个吐司上放一大块馅料。放在烤盘上，放在烤肉机下面，直到奶酪融化并发出嘶嘶声，烤面包的边缘变脆变褐色。

e) 马上上菜。

25.

使 16 到 24；供应 8

原料：

- 4 片 pain au levain 或其他乡村面包，每片切成 4 到 6 片
- 2 瓣大蒜
- 约 1 汤匙特级初榨橄榄油
- 4 盎司羊乳酪，切片 1 个柠檬的磨碎皮
- 4 盎司温和融化的奶酪，例如 Jack、fontina 或温和的 Asiago，切成薄片或切丝
- 大约 3 盎司年轻的芝麻菜

方向

a) 预热肉鸡。
b) 在烤肉机下轻轻烤面包。从火上移开，用大蒜擦两面。
c) 将涂有大蒜的吐司放在烤盘上，轻轻淋上少许橄榄油，然后在羊奶酪上铺上一层，撒上柠檬皮，在上面撒上杰克奶酪，最后淋上橄榄油。烤至奶酪融化并轻轻起泡。
d) 立即上桌，每一个开口的小烤奶酪三明治上面都放着一小把芝麻菜叶。

26. 蓝纹奶酪的 Casse Croûte

供应 4

原料：

- 1 个法式长棍面包，纵向分开并略微挖空
- 2-3 汤匙软黄油涂在面包上
- 1-2 汤匙干白葡萄酒
- 3-4 瓣大蒜，切碎
- 8-10 盎司美味的蓝纹奶酪
- 8-10 盎司格鲁耶尔干酪
- 肉豆蔻的光栅

方向

a) 预热肉鸡。
b) 用黄油轻轻地将法式面包的一半涂抹在里面，然后撒上一些白葡萄酒和一些大蒜。在奶酪上铺一层，最后是一层格鲁耶尔干酪，最后是肉豆蔻、剩下的大蒜和几滴酒。
c) 烤三明治，直到奶酪融化并发出嘶嘶声，面包边缘变脆变褐色。
d) 切成几英寸长的小块，马上上桌。

27. 脆露荠黑葡菌

供应 4

炒黑鸡油菌

原料：

- 1 盎司新鲜或 ½ 盎司干黑鸡油菌蘑菇
- 6 汤匙无盐黄油
- ¼ 杯蘑菇或蔬菜汤
- 2 汤匙黑松露油，或品尝

三明治

- 1 个法式长棍面包，沿对角线切成薄片
- 8 盎司 Comté 奶酪，切成约 1/8 英寸厚的薄片，切成适合法式面包的小片
- 1-2 汤匙特级初榨橄榄油用于刷面包
- 1-2 瓣大蒜，切碎
- 1-2 汤匙切碎的新鲜细香葱或平叶欧芹

方向

a) 吨 o 制作炒鸡油菌：如果使用新鲜蘑菇，洗净并擦干，然后切碎。如果使用干蘑菇，将加热至刚刚沸腾的蘑菇汤倒在蘑菇上以补充水分。盖上盖子静置约 30 分钟或直到柔软柔韧。从液体中取出并挤

干，保留液体用于下面的烹饪。把再水化的蘑菇切碎，像新鲜的一样继续。

b) 在厚厚的不粘锅中用中火加热黄油；当融化并变成坚果棕色时，加入蘑菇，在热黄油中咝咝作响。倒入肉汤，用中火煮至液体几乎完全蒸发，5到7分钟。从火上移开，用勺子舀到碗里。冷却几分钟，然后加入松露油，搅拌均匀，用力搅拌。

c) 把长棍面包片摆好；用松露蘑菇混合物涂抹其中的一半，然后在上面涂上奶酪片，最后是剩余的法式面包片。很好地压在一起；三明治体积小，填充物相对干燥，容易散开。然而，一旦三明治变成褐色，奶酪就会融化并将它们粘在一起。

d) 在每个三明治的外面轻轻刷上橄榄油。用中高温加热一个沉重的不粘锅，然后加入三明治，根据需要分批工作。顶部有一个重量并将热量降低到中或中低。把三明治烤成棕色，转动一两次，直到面包变脆变金，奶酪融化。撒上一些大蒜和细香葱，然后上桌。

e) 在将大蒜从锅中取出之前撒上大蒜，可以保持生大蒜的辛辣和浓郁的味道，这样每个小三明治的味道都像奶酪和松露蒜蓉面包丁。对剩余的三明治重复上述步骤，从锅中取出所有剩余的大蒜，这样它就不会在下一轮三明治褐变时燃烧。

28. 山核桃百香料

12；供应 4

原料：

- 12 片薄面包片，最好有点陈旧
- 特级初榨橄榄油
- 3-4 盎司稍微陈年的山羊奶酪
- 大约 $\frac{1}{4}$ 茶匙孜然粉
- $\frac{1}{2}$ 茶匙百里香
- $\frac{1}{4}$-$\frac{1}{2}$ 茶匙辣椒粉
- 约 1/8 茶匙香菜末
- 2 瓣大蒜，切碎
- 1-2 汤匙切碎的新鲜香菜

方向

a) 预热肉鸡。
b) 在法式面包切片上刷上橄榄油，在烤盘上单层排列，然后在烤肉机的两边轻轻烤一下。
c) 在烤面包片上撒上奶酪，然后撒上孜然、百里香、辣椒粉、香菜和切碎的大蒜。淋上橄榄油，烤至奶酪稍微融化，并在斑点上变成褐色。
d) 撒上香菜，马上上桌。

29.

做 8 个；供应 4

姜汁甜菜果酱

原料：

- 3 个中等大小的红甜菜（总共 16 到 18 盎司），整个未去皮

- 1 个洋葱，切成四等份，加上 $\frac{1}{2}$ 个洋葱，切碎

- $\frac{1}{2}$ 杯红酒

- 大约 $\frac{1}{4}$ 杯红酒醋

- 约 2 汤匙糖

- 2 汤匙葡萄干或干无花果丁

- 约 $\frac{1}{2}$ 茶匙切碎的去皮鲜姜

- 一小撮五香粉、丁香或五香粉

三明治

- 16 片对角切得很薄的陈旧法式长棍面包，或切得很薄的陈旧夏巴塔面包

- 6 盎司羊乳干酪

- 大约 1 汤匙橄榄油用于刷面包

- 大约 2 杯（3 盎司）豆瓣菜

方向

a) 将烤箱预热至 375°F。

b) 制作甜菜果酱：将甜菜、四等分洋葱和红酒放入烤盘中，烤盘大到足以容纳它们，中间留出几英寸的空间。用铝箔盖住锅，然后烤一个小时，或者直到甜菜变软。取出，揭开，待凉。

c) 冷却后，从甜菜上剥下皮，然后切成 1/4 到 1/8 英寸的小块。将煮熟的洋葱粗切碎，将其与烤甜菜丁和锅中的烹饪汁以及切碎的生洋葱、醋、糖、葡萄干、生姜和几汤匙水一起放入平底锅中。

d) 煮沸，中高火煮至洋葱变软，大部分液体蒸发。不要让它燃烧。从火上移开，用更多的糖和醋调整调味料。用五种香料粉非常巧妙地调味——只需一小撮。搁置。做大约 2 杯。

e) 制作三明治：将 8 片法式长棍面包片铺开，每片都涂上厚厚的罗克福奶酪。在每个上面放上剩下的法式长棍面包片，然后压在一起固定。在小三明治的每一面刷上少量橄榄油。

f) 用中高温加热一个沉重的不粘锅，然后将三明治放入其中。将热量降低到中低或中。把三明治煮到第一面变成金黄色，用抹刀轻轻地压在一起，然后把另一面翻过来，轻轻地变成褐色。

g) 将脆热的小三明治放在盘子上，用一两簇西洋菜和一大勺甜菜果酱装饰。

30. 伊比利亞帕尼諾

供应 4

金枪鱼和红辣椒酱

原料：

- 6 盎司大块白肉金枪鱼，用橄榄油包装，沥干
- 1 个红辣椒，烤，去皮，切碎（从罐子里拿出来就可以了）
- $\frac{1}{2}$ 个洋葱，切碎
- 4—6 汤匙蛋黄酱
- 1 汤匙特级初榨橄榄油
- 1-2 茶匙辣椒粉，最好是匈牙利或西班牙的
- 几滴新鲜柠檬
- 果汁
- 盐
- 黑胡椒

三明治

- 8 片晒干番茄面包
- 8 盎司陈年豪达奶酪、杰克或白切达干酪
- 刷面包用的橄榄油

方向

a) 制作金枪鱼混合物：用叉子在中型碗中将金枪鱼切碎，然后与红辣椒、洋葱、蛋黄酱、特级初榨橄榄油、辣椒粉、柠檬汁、盐和胡椒混合。调整蛋黄酱的量以达到很好的稠度。

b) 制作三明治：排列 4 片面包，每片上面放四分之一的奶酪。上面是金枪鱼混合物，然后是剩下的面包。

c) 用橄榄油轻轻刷三明治的外面。用中高温加热一个沉重的不粘锅，加入三明治。

d) 用重物的底部将它们压下来平底锅，不要压它们，而是在奶酪融化时保持顶部并保持平坦。把火调到中火，在第一面煮到面包变脆变金，然后翻过来重复。

e) 每隔一段时间抬起秤盘检查奶酪的情况。

f) 当它融化时——你可以看出这一点，因为一点点会渗出来——面包金黄酥脆，从锅中取出。如果在奶酪融化之前面包变得太黑，请减少热量。

g) 马上上桌，又热又脆。

31. 俱乐部烤三明治

供应 4

原料：

- 3 汤匙蛋黄酱
- 1 汤匙刺山柑，沥干
- 8 片厚培根
- 8 片 pain au levain，从半个大面包上切下（约 10 英寸长，5 英寸宽）
- 8 盎司 Beaufort、Comté 或 Emmentaler 奶酪，切片
- 2 个成熟的西红柿，切片
- 2 个水煮、烤或烤无骨鸡胸肉，切片
- 刷面包用的橄榄油
- 大约 2 杯芝麻菜叶
- 约 12 叶新鲜罗勒

方向

a) 在一个小碗里，将蛋黄酱和刺山柑混合。搁置。
b) 将培根放入厚重的不粘锅中煮至两面酥脆呈棕色。从锅中取出，用吸水纸巾吸干水分。
c) 将 4 片面包放在工作台上，每片上面铺一层奶酪，然后是一层西红柿、培根，最后是鸡肉。

d) 将雀跃蛋黄酱慷慨地涂抹在剩下的 4 片面包上，并在每个三明治上铺上。按紧关闭。

e) 在外面轻轻刷上橄榄油。

f) 用中高温加热一个沉重的不粘锅或帕尼尼压榨机。添加三明治，如果需要，分两批工作。减重三明治轻轻地，把火调到中火，煮到面包底部变成褐色，奶酪稍微融化了。

g) 小心地翻过来，如果三明治有散开的危险，请用手帮助稳定抹刀上的三明治。第二面是棕色的，没有重量，但稍微压一下三明治以巩固它们并将它们固定在一起。

h) 从锅中取出，打开所有 4 个三明治的顶部，放入一把芝麻菜和几片罗勒叶，然后将它们全部关闭。

i) 切成两半，马上上桌。

32. 威士醋菇蛋

供应 4

原料：

- 4 个大鸡蛋
- 几滴白葡萄酒醋
- 4 片全麦面包或酸面包，或 2 个对半的英式松饼
- 约 2 汤匙软黄油
- 12 盎司切达干酪或柴郡干酪，粗切碎
- 1-2 根葱，切成薄片
- 1-2 茶匙麦酒或淡啤酒（可选）
- $\frac{1}{2}$ 茶匙全麦芥末和/或几撮干芥末粉
- 几杯伍斯特沙司
- 几杯辣椒粉

方向

a) 煮鸡蛋：把每个鸡蛋打碎，放在杯子或小模子里。把一个装满水的深煎锅烧开；降低热量并保持沸腾。不要给水加盐，而是加入几杯醋。将每个鸡蛋滑入微沸的水中。

b) 煮鸡蛋，直到蛋白变硬，蛋黄仍然流淌，2 到 3 分钟。用有槽的勺子取出，放在盘子上以排出多余的水。

c) 预热肉鸡。
d) 在烤肉机下轻轻烤面包并轻轻涂上黄油。
e) 把面包放在烤盘上。在每一块上面放一个荷包蛋。
f) 在一个中等大小的碗中，将切达干酪、大葱、麦芽酒、芥末、伍斯特沙司和辣椒混合在一起。轻轻地将奶酪混合物均匀地舀在荷包蛋上，注意不要弄破蛋黄。
g) 烤奶酪和鸡蛋的吐司，直到奶酪融化成粘稠的酱状混合物，奶酪和吐司的边缘都变得酥脆和棕色。马上上菜。

33.   烤腿媚酪甜萝

供应 4

原料：

- 6-8 盎司火鸡火腿，如果已经切成薄片，则粗切或切成丝带
- 3 汤匙蛋黄酱或根据需要
- 4 片厚片新鲜菠萝或 5 片罐装果汁
- 8 片全麦或小麦浆果面包，切成薄片
- 大约 12 到 15 片面包和黄油泡菜
- $\frac{1}{2}$ 个洋葱，切成薄片
- 约 8 盎司 Taleggio 奶酪（去皮）或切达干酪，切片
- 用于刷面包的特级初榨橄榄油

方向

a) 在一个小碗里，将火鸡火腿和蛋黄酱混合。把它放在一边。

b) 将菠萝切丁或粗切，放在碗里。如果用新鲜的，加糖调味。

c) 把面包片摆好。在其中的 4 个上涂上菠萝。在另外 4 个，先放一些泡菜，然后是火鸡火腿沙拉混合物，然后是一些洋葱，还有 Taleggio。小心地在上

面放上菠萝面包片，做成三明治，然后紧紧地压在一起。用橄榄油轻轻刷每一面。

d) 用中高温加热一个沉重的不粘锅或帕尼尼压榨机。将三明治放入锅中，煎至焦黄并压榨，直到第一面酥脆金黄，奶酪开始融化；然后用你的抹刀和可能的一点帮助，小心地把三明治翻过来，在第二面煮，当它们变成褐色时按下。

e) 当三明治酥脆，两面呈浅棕色，奶酪融化后，从锅中取出，切成两半，然后上桌。

34. 热松饼

供应 4

原料：

- 4个柔软的法式面包卷
- 特级初榨橄榄油
- 在这里和那里摇几下红酒醋
- 4—6瓣大蒜，切碎
- 3-4茶匙刺山柑，沥干
- 2-3大撮干牛至，碎
- $\frac{1}{2}$杯切碎或切丁的烤红辣椒
- 4个温和的泡椒，如希腊或意大利，切片
- $\frac{1}{2}$个红洋葱或其他温和的洋葱，切成薄片
- $\frac{1}{2}$杯甜椒酿青橄榄，切片
- 1个大番茄，切成薄片
- 4盎司干意大利腊肠，切成薄片
- 4盎司火腿，熏火鸡
- 8盎司切成薄片的普罗卧干酪

方向

a) 打开面包卷，拉出一点它们蓬松的内脏。在切好的一面撒上橄榄油和醋，然后撒上大蒜、刺山柑和牛至。在每一卷的一侧，铺上红辣椒、泡椒、洋葱、橄榄、番茄、意大利腊肠、火腿，最后是奶酪。紧紧关闭并压在一起以帮助密封。

b) 用中高温加热一个沉重的不粘锅，并在每卷的外面轻轻刷上橄榄油。将三明治放入锅中，然后减重，或将它们放在帕尼尼压机中。

c) 煮至一侧呈金黄色，然后将另一面翻过来煎至棕色。当三明治呈金黄色且奶酪渗出一点并在某些地方变脆时，三明治就准备好了。切成两半，马上吃。

35. 古早味

供应 4

原料：

魔酱

- 2 汤匙特级初榨橄榄油
- 8 瓣大蒜，切成薄片
- 1 杯新鲜橙汁和/或葡萄柚汁
- ½ 杯新鲜酸橙汁和/或柠檬汁
- ½ 茶匙孜然粉盐
- 黑胡椒

三明治

- 1 个软法棍面包或 4 个软法式长面包卷，分开
- 刷面包用的软黄油或橄榄油
- 6 盎司 切成薄片的煮火腿或蜂蜜烤火腿
- 1 个煮熟的鸡胸肉，约 6 盎司，切成薄片
- 8 盎司美味奶酪，例如高达、曼切戈或伊丹，切片
- 1 个莳萝，犹太莳萝或甜泡菜，切成薄片
- 大约 4 片叶子黄油或波士顿比布生菜

- 2-3 个中等大小的成熟西红柿，切片

方向

a) 制作 Mojo 酱：在一个小而重的平底锅中轻轻加热橄榄油和大蒜，直到大蒜呈淡金黄色但不变成褐色，大约 30 秒。加入柑橘汁、孜然、盐和胡椒调味，然后熄火。放凉，品尝，调整调味。在冰箱中最多可保存 3 天。制作 1.5 杯。

b) 预热肉鸡。

c) 制作三明治：将每卷的蓬松内部拉出一点。丢弃拉出的面包或留作其他用途。在面包卷的两面刷上少量软黄油或橄榄油。在烤肉机的每一面轻轻烤一下，然后从火上移开。

d) 在面包切好的面上撒一点魔力酱，然后铺上火腿、鸡肉、奶酪和泡菜。关闭并压在一起以帮助密封并用橄榄油轻轻刷三明治的外部。

e) 用中高温加热一个沉重的不粘锅或帕尼尼压榨机，把三明治变成褐色，加重他们的体重.你想把三明治压得尽可能平。煮到外面稍微变脆，奶酪开始融化。当你转动三明治时，用抹刀将它们压扁，以帮助压平它们。

f) 当三明治变脆变褐时，从锅中取出。打开，加入生菜和番茄，马上上桌，旁边还有额外的魔力。

36. 巴黎都酪

供应 4

原料：

- 8 片坚硬、美味的优质白面包或法式面包
- 4 薄片煮熟或烤火腿或火鸡火腿
- 2 汤匙无盐软黄油
- 4 盎司格鲁耶尔奶酪

方向

a) 预热肉鸡。

b) 将 4 片面包放在烤盘上，然后在上面放上火腿和剩下的面包片，做成三明治。在每个三明治外面涂上黄油，然后放在烤肉机下面，直到第二面呈浅金黄色，然后翻面并变成棕色。

c) 在三明治的一侧顶部撒上奶酪，然后回到烤肉机中片刻，或者直到奶酪融化并到处冒泡。马上吃旁边的绿色沙拉。

37. 博尔盖里烤面包

供应 4

原料：

- 4 个大而柔软的法国或意大利式面包卷，最好是酸面团

- 6-8 瓣大蒜，减半

- 4—6 汤匙特级初榨橄榄油

- 1 汤匙番茄酱（可选）

- 2-3 个成熟的大番茄，切成薄片

- 大量撒上干牛至（最好是希腊语、西西里语或西班牙语）

- 8片西班牙火腿或类似火腿，如意大利熏火腿
- 大约10盎司温和、融化但味道鲜美的奶酪，例如manchego、Idiazábal、Mahon或加利福尼亚奶酪，例如Ig Vella的semi secco或Jack
- 混合地中海橄榄

方向

a) 预热肉鸡。
b) 切开面包卷，在肉鸡下方的每一面轻轻烤一下。
c) 在每片面包的切面擦大蒜。
d) 在涂有大蒜的面包上淋上橄榄油，并在外面刷上一点油。用番茄酱轻轻涂抹，然后将切好的番茄和番茄汁铺在面包卷上，压入番茄酱和番茄，使番茄汁被面包吸收。
e) 撒上碎牛至，然后铺上火腿和奶酪。合上并压紧，然后轻轻刷上橄榄油。
f) 用中高温加热一个沉重的不粘锅或帕尼尼压榨机，然后加入三明治。如果使用平底锅，称重三明治下来.
g) 把火调到中低，煮到外面稍微变脆，奶酪开始融化。翻过来，让第二面变成褐色。
h) 切成两半，立即上桌，旁边放一把混合橄榄。

38. 橄欖包心菜番茄乳酪

使 4

原料：

- 10-12 片新鲜的小鼠尾草叶
- 3 汤匙无盐黄油
- 1 汤匙特级初榨橄榄油
- 8 片乡村面包
- 4 盎司意大利熏火腿，切成薄片
- 10-12 盎司风味浓郁的山区奶酪，例如 fontina、陈年 Beaufort 或 Emmentaler
- 2 瓣大蒜，切碎

方向

a) 在一个沉重的不粘锅中，用中低火将鼠尾草叶、黄油和橄榄油一起搅拌，直到黄油融化并起泡。

b) 与此同时，铺上 4 片面包，上面放意大利熏火腿，然后放上芳蒂娜，最后撒上一点大蒜。把剩下的面包放在上面，用力压在一起。

c) 轻轻地将三明治放入热鼠尾草黄油混合物中；您可能需要分几批进行或使用 2 个平底锅。重量与上面有一个沉重的煎锅把三明治压下去。煮到外面稍微变脆，奶酪开始融化。翻过来，让第二面变成褐色。

d) 供应热而脆的三明治,切成对角的两半。要么丢弃鼠尾草叶子,要么把它们啃起来,又脆又褐色。

39.　艾瑪稱王胎

供应 4

原料：

- 8 片 Pain au levain、酸面团或酸黑胡椒
- 4 盎司 Emmentaler 奶酪，切成薄片
- 1 个成熟但结实的梨，未剥皮，切成薄片
- 4 盎司阿彭策尔奶酪，切成薄片
- 几撮孜然籽软黄油或橄榄油，用于刷面包

方向

a) 将 4 片面包放在工作台上，然后在上面铺上一层 Emmentaler 奶酪，然后是梨，然后是一些阿彭策尔奶酪，以及少许孜然籽。在每个三明治上放第二片面包，然后用力压在一起密封。

b) 在每个三明治的外面轻轻涂上黄油。用中高温加热沉重的不粘锅或三明治压榨机。把重物放在三明治.棕色，转动一两次，直到面包变脆金黄，奶酪融化。

c) 马上上菜。

40. 烤乳酪麩

供应 4

原料：

欧芹-龙蒿芥末

- 3 汤匙全麦芥末
- 3 汤匙温和的第戎芥末
- 2 汤匙切碎的新鲜平叶欧芹
- 1 汤匙切碎的新鲜龙蒿
- 1 个小丁香大蒜，切碎
- 几滴红葡萄酒或白葡萄酒醋，品尝

三明治

- 8 片软黑粗麦面包
- 8 盎司陈年豪达奶酪、曼切戈奶酪或类似的坚果陈年奶酪
- 刷面包用的软黄油或橄榄油

方向

a) 制作欧芹-龙蒿芥末：将全麦芥末和第戎芥末混合在一个小碗中，加入欧芹、龙蒿和大蒜搅拌。加几滴醋调味，放在一边。做大约 1/3 杯。

b) 制作三明治：将 4 片面包放在工作台面上。加一层奶酪，然后在上面放第二片面包。压在一起，轻轻涂抹或用黄油刷在外面。

c) 用中高温加热一个沉重的不粘锅或帕尼尼压榨机，然后加入三明治。一秒称重平底锅并将热量降低到中低。煮到第一面金黄酥脆，然后翻面煮第二面，直到奶酪融化。

d) 立即上桌，配上欧芹-龙蒿芥末，随意涂抹。

41. 黑麦面包和奶酪

供应 4

原料：

- 8 片黑橄榄面包
- 1 瓣大蒜，切碎
- 4 个又大又肥、成熟、美味的西红柿
- 1-2 茶匙新鲜百里香叶
- 8-10 盎司 Mahon、陈年 Gouda 或 Mezzo Secco 奶酪
- 刷面包用的橄榄油

方向

a) 在 4 片面包上撒上大蒜，然后再铺上西红柿（让西红柿的汁液渗入面包中）。在番茄片上撒上百里香叶。

b) 在上面放一层奶酪，然后是剩下的面包，形成 4 个三明治。压在一起密封好。用橄榄油刷每个的外面。

c) 用中高温加热一个沉重的不粘锅或三明治压榨机，然后加入三明治，加重他们的体重. 把三明治烤成棕色，转动一两次，直到面包变脆变金，奶酪融化，渗出并在碰到锅时稍微变脆。

d) 马上上菜。

42. 烟熏鸡 Taleggio & 戈贡佐拉

供应 4

原料:

- 1 个柔软、扁平、通风的意大利面包,如夏巴塔面包,或 4 个柔软的意大利/法式面包卷;如果有半生不熟的,请选择这些

- 6 盎司戈贡佐拉奶酪,切成薄片或粗碎

- 8 盎司烟熏火鸡,切成薄片

- 1 个中等大小或 2 个小而脆但美味的苹果,去核,未去皮,切成薄片

- 6 盎司 Taleggio、Teleme、Jack 或 tomme de montagne 奶酪,切成 4 片(是否留下 Taleggio 外皮或将其切掉由您决定;外皮有一种略浓的味道,有些人喜欢,有些人强烈不喜欢.)

- 刷面包用的橄榄油

方向

a) 将面包切成 4 等大小的块。将每片面包水平切片,如果可能,将一侧连接起来。

b) 打开 4 片面包。在一侧层上等量的 Gorgonzola、熏火鸡和苹果片。在上面放上 Taleggio,把三明治紧紧地合上,用力按压以关闭。

c) 在三明治的顶部和底部刷上橄榄油,然后用中高温加热一个沉重的不粘锅。把三明治放在热锅里,马

上把火调到很低。重量在顶部，或使用三明治压榨机或帕尼尼压榨机。

d) 煮至金黄色并烤熟，然后翻过来，将第二面稍微变成棕色。经常检查以确保面包没有燃烧。

e) 两面酥脆且奶酪融化后立即上桌。

43.

供应 4

原料：

- 8 片中等厚度的酵母面包
- 8 盎司 Jarlsberg 或温和的融化奶酪，如 Jack
- 2 个烤红辣椒，切片，或 3 到 4 汤匙切碎的烤红辣椒
- 2 瓣大蒜，切成薄片
- 2 茶匙切碎的新鲜迷迭香叶，或品尝
- 刷面包用的橄榄油

方向

a) 将 4 片面包放在工作台上，上面放上奶酪，然后加入红辣椒、大蒜和迷迭香。在上面放上剩下的面包片，轻轻地压在一起。用油轻轻刷每个三明治的外面。

b) 用中高温加热一个沉重的不粘锅或三明治压榨机，然后加入三明治，如果需要，可以分几批工作。把火调到中低，慢慢地将三明治变成褐色（用抹刀按压以帮助变脆），直到外面稍微变脆，奶酪开始融化。翻转并在第二面重复。

c) 将每个三明治切成两半或四分之一。

44. Torta of Chicken、Queso Fresco 和 Gouda

供应 4

原料：

- 2 根鼠尾草/香草香肠（约 14 盎司），猪肉、火鸡或素食

- 6 盎司切碎的杰克或中等大小的 Asiago 奶酪

- 1-2 汤匙（约 2 盎司）新鲜磨碎的陈年奶酪，如帕尔马干酪、罗切利罗马诺干酪或干杰克干酪

- 2 个洋葱，切成薄片

- 2—3 茶匙酸奶油 一小撮孜然籽 一小撮姜黄 少许棕芥末

- 一小撮辣椒或几滴辣椒酱

- 8 片全麦（如小麦浆果、葵花籽或发芽小麦）薄片面包

- 2-3 汤匙特级初榨橄榄油

- 3 瓣大蒜，切成薄片

- 1-2 个摩洛哥风味的腌制柠檬，冲洗干净，切成条或切碎

- 1-2 茶匙切碎的新鲜平叶欧芹

方向

a) 将香肠大致切成丁，然后在不粘锅中用中火快速将它们变成褐色。从锅中取出，放在纸巾上，待凉。把平底锅放在炉子上，关掉暖气。

b) 在一个中等大小的碗中，将 2 种奶酪与大葱、酸奶油、孜然籽、姜黄、芥末和辣椒粉混合。当香肠凉了，把它混进奶酪里。

c) 将 4 片面包与奶酪和香肠混合物堆在一起，然后在上面放上第二片面包。拍下来，轻轻但用力按压，这样三明治就会粘在一起。

d) 用中高温重新加热平底锅，加入大约一半的橄榄油和大蒜，然后将大蒜推到一边，加入 1 或 2 个三明治，不管锅能装多少。煮到一侧稍微变脆，奶酪开始融化。

e) 翻过来，将第二面煎至金黄色。移到盘子里，用其他三明治、大蒜和油重复。您可以丢弃浅棕色的大蒜或轻咬它；不管你做什么，在它变黑之前把它从锅里拿出来，因为如果它燃烧，它会给油带来苦味。

f) 马上上三明治，滚烫，切成三角形，撒上腌制的柠檬和切碎的欧芹。

45. 番茄帕尼尼烤茄子

供应 4

原料：

- $\frac{1}{4}$ 杯特级初榨橄榄油，或根据需要，分开
- 1 个中等大小的茄子，切成 $\frac{1}{2}$ 到 $\frac{3}{4}$ 英寸厚
- 盐
- 4 个大而柔软的面包卷，酸的或甜的
- 3 瓣大蒜，切碎
- 8 大新鲜罗勒叶
- 约 $\frac{1}{2}$ 杯乳清干酪
- 3 汤匙新鲜磨碎的帕尔马干酪、佩克立诺干酪或罗切利罗马诺干酪
- 6-8 盎司新鲜马苏里拉奶酪
- 4 个成熟多汁的西红柿，切成薄片（包括它们的汁液）

方向

a) 把茄子片放在砧板上，撒上大量的盐。静置约 20 分钟或直到茄子表面出现水滴。冲洗干净，然后拍干茄子。

b) 在不粘锅中用中火加热 1 汤匙油。添加尽可能多的茄子，使其适合单层并且不会相互拥挤。将茄子片

涂成褐色，将它们四处移动，使它们变成褐色并煮透，但不要燃烧。

c) 转动并在第二面煮，直到那面也变成浅棕色，用叉子刺穿茄子时茄子变软。茄子煮熟后，移到盘子或平底锅中，继续加入茄子，直到它们都煮熟。静置几分钟。

d) 打开面包卷，拉出一点蓬松的内部，然后在切好的一面撒上切碎的大蒜。在每一卷的一侧，放一片或两片茄子，然后在上面放一片或两片罗勒叶、一些意大利乳清干酪、一点帕尔马干酪和一层马苏里拉奶酪。最后用西红柿片；关闭并轻轻按压以密封在一起。

e) 用中高温加热同一个煎锅或使用帕尼尼压榨机，然后在三明治外面轻轻刷上一点橄榄油。将三明治烤成棕色或烤制，当它们变成棕色和酥脆时按压。

f) 当第一面变成褐色时，翻转第二面并将其变成褐色，直到奶酪融化。马上上菜。

46. 烤薯和Chaumes,

供应 4

原料：

红辣椒蒜泥蛋黄酱

- 2-3 瓣大蒜，切碎

- 4-6 汤匙蛋黄酱 $\frac{1}{2}$ 柠檬或酸橙汁（约 1 汤匙或适量）

- 2—3 茶匙辣椒粉 1 茶匙辣椒粉

- $\frac{1}{2}$ 茶匙孜然粉 大撮干牛至叶，压碎

- 2 汤匙特级初榨橄榄油

- 几摇烟熏智利酱，如墨西哥辣椒塔巴斯科或布法拉

- 2 汤匙切碎的新鲜香菜

- 1 个茄子，横向切成 $\frac{1}{4}$ 到 $\frac{1}{2}$ 英寸厚的切片橄榄油

- 4 个柔软的白面包或酸面包卷，或 8 片乡村风格的白面包或酸面包

- $\frac{3}{4}$ 杯腌制的烤红辣椒和/或黄辣椒，最好在盐水中（购买，或自制，）

- 大约 12 盎司半软但美味的奶酪

方向

a) 制作红辣椒蒜泥蛋黄酱：在一个小碗里，将大蒜与蛋黄酱、柠檬汁、辣椒粉、辣椒粉、孜然和牛至混合；搅拌均匀。用你的勺子或打蛋器，加入橄榄油，一次加入几茶匙油，搅拌直到融入混合物中，然后再加入其余的。
b) 当光滑时，加入烟熏智利酱调味，最后拌入香菜。盖上盖子冷却，直到可以使用。做大约 1/3 杯。
c) 准备茄子时，在茄子片上轻轻刷上橄榄油，然后用中高温加热一个厚重的不粘锅。将茄子片的每一面都煎成棕色，直到用叉子刺穿时茄子片呈浅棕色和柔软。搁置。
d) 制作三明治：将打开的软面包卷铺开，在里面大量铺上红辣椒蒜泥蛋黄酱。在面包卷的一侧铺上茄子片，然后是辣椒，然后是一层奶酪。关闭并很好地压在一起。在每个三明治的外面轻轻刷上橄榄油。
e) 再次用中高温加热平底锅，然后加入三明治，将热量降至中低。减重三明治，煮几分钟。当底部的面包呈金黄色并在某些地方略微变成褐色时，翻过来煮另一面，同样重量。
f) 5 当那一面也金黄酥脆时，奶酪应该融化并粘稠；它可能会渗出一点并变脆。（不要丢弃这些美味的脆片，只需将它们与三明治一起放在每个盘子上即可。）
g) 把三明治移到盘子里；切成两半，上桌。
h) 烟熏培根和切达干酪配墨西哥辣酱
i) 烟熏墨西哥辣椒酱、一抹浓郁的芥末、肉味的烟熏培根和强烈刺鼻的切达干酪——这款大口味三明治没有任何微妙之处。也可以试试汉堡包上的墨西哥辣椒酱!一杯侧面有一块石灰的 cerveza 接近完美。

47. 蘑菇乳酪烤麵包

供应 4

原料：

- 1—1.5 盎司干牛肝菌或 cèpes，
- 约 ½ 杯重奶油
- 盐
- 几粒辣椒
- 几滴新鲜柠檬汁
- ½ 茶匙玉米淀粉，与 1 茶匙水混合
- 8 片 pain au levain 或其他法式面包
- 约 1 汤匙软黄油涂抹在面包上
- 2 瓣大蒜，切碎
- 8-10 盎司切碎的佩克立诺干酪、芳蒂娜干酪或 Mezzo Secco 干酪
- 4 汤匙新鲜磨碎的帕尔马干酪
- 大约 ¼ 杯切碎的新鲜细香葱

方向

a) 在一个沉重的平底锅中，将蘑菇和 2 杯水混合。煮沸，然后减少热量并用文火炖至液体几乎蒸发，蘑菇变软，10 到 15 分钟。

b) 加入奶油搅拌，加热几分钟，然后用盐、一两粒辣椒和一两滴柠檬汁调味。
c) 加入玉米淀粉混合物，用中低火加热至变稠。一旦边缘开始起泡，它就会变厚。由于奶油的稠度可能不同，因此无法确切知道您需要多少玉米淀粉。
d) 一旦足够厚，将混合物在室温下冷却。冷却后会进一步变稠。你想要一种浓稠的可涂抹稠度。
e) 把所有的面包都铺好，在每片面包的一侧轻轻刷上黄油。把它们翻过来，然后在其中的 4 个上，撒上大蒜。上面放几片羊乳干酪，一些酱汁里的蘑菇块，还有一点帕尔马干酪。
f) 在另外 4 片面包（未涂黄油的一面）上，将蘑菇酱涂上厚厚的一层。把三明治紧紧地合上。涂黄油的面将在外面。
g) 用中低火加热一个沉重的不粘锅。根据平底锅的大小，一次添加 1 个或 2 个三明治，然后用沉重的煎锅）。
h) 煮至面包呈金黄色，局部呈浅棕色，酥脆可口，奶酪开始渗出。翻转并重复，直到第二面和第一面一样金黄酥脆，在最后一分钟左右的烹饪时间将切碎的大蒜加入锅中。奶酪现在应该是流淌的，有一些渗出，在外壳边缘轻轻变脆。
i) 放在盘子上，切成两半或四分之一，然后在盘子上撒上细香葱。马上吃。没有什么比冷烤奶酪三明治更烂的了。

48.

供应 4

原料：

- 4-6 颗腌制洋蓟心，切片
- 4 片乡村面包，甜的或酸的
- 12 盎司普罗卧干酪、马苏里拉奶酪、马努里奶酪或其他温和且可融化的奶酪，切丝
- 2 汤匙特级初榨橄榄油
- 4 瓣大蒜，切成薄片或切碎
- 约 2 汤匙红酒醋
- 1 汤匙盐水刺山柑，沥干
- 1 茶匙碎干牛至
- 几磨黑胡椒
- 1-2 茶匙切碎的新鲜平叶欧芹

方向

a) 预热肉鸡。
b) 把洋蓟放在面包上，放在烤盘上，然后在上面放上奶酪。
c) 在一个厚重的不粘锅中，用中高温加热橄榄油，然后加入大蒜和浅棕色。加入红酒醋、刺山柑、牛至

和黑胡椒，煮一两分钟，或者直到液体减少到大约 2 茶匙。拌入欧芹。舀在芝士面包上。

d) 烤至奶酪融化、起泡并在斑点处变成金黄色。马上吃。

49. 三明治

供应 4

原料：

- 两个 4 到 5 盎司的去骨去皮鸡胸肉或猪肉片、火鸡片或小牛肉片
- 盐
- 黑胡椒
- 2 汤匙特级初榨橄榄油，分开
- 3 瓣大蒜，切碎，分开
- 2 个西葫芦，切成薄片并拍干
- 2 汤匙罗勒香蒜酱，或品尝
- 2 汤匙磨碎的帕尔马干酪、格拉纳干酪或罗切利罗马诺干酪
- 4 个软酸面团卷，或 4 块 6 英寸的佛卡夏，减半
- 8-10 盎司马苏里拉奶酪，国产或丹麦方提纳，或杰克奶酪，切片

方向

a) 用肉槌把肉捣碎；如果它很厚，把鸡肉切成薄片。撒上盐和胡椒粉。

b) 用中高温加热一个沉重的不粘锅，然后加入 1 汤匙油、肉，最后加入大约一半的大蒜。将肉的一侧快

速变褐色，然后另一侧，然后从锅中取出，将任何汁液和大蒜倒在肉上。

c) 把锅放回中高温，再加一茶匙左右的油。将西葫芦炒至嫩。移至碗中；用盐和胡椒调味。天气凉后，加入剩余的大蒜、香蒜酱和帕尔马干酪。让混合物在碗中冷却；冲洗并擦干锅。

d) 用你的手指，把每一卷的蓬松内部撕掉一点，为填充物让路。再次将平底锅加热到中高，轻轻烤一下每卷的切边。您将不得不按一下它们；他们可能会撕裂一点，但没关系。当它们变成褐色并压入填充物时，它们会再次回到一起。

e) 在每卷的一半中加入几汤匙西葫芦-香蒜酱混合物，然后在上面放一层肉和马苏里拉奶酪。合上并紧紧压在一起以密封好。

f) 在三明治外面刷上剩余的油。用中高温再次加热平底锅。重量三明治帮助将它们压下来并保持在一起。把火调到中低，煮到第一面酥脆金黄，奶酪开始融化。翻转并重复。

g) 当三明治金黄酥脆，奶酪融化诱人时上桌。

50. Quesadillas、Piadine 和 Pita 面胎

供应 4

原料：

- 12 盎司新鲜山羊 3 瓣大蒜，切碎
- 约 1 英寸新鲜生姜，粗切（约 2 茶匙）
- 3-4 汤匙粗切新鲜薄荷叶
- 3-4 汤匙粗切新鲜香菜
- 3 汤匙纯酸奶
- $\frac{1}{2}$ 茶匙糖，或根据口味 大撮盐
- 几杯很好的塔巴斯科辣酱或其他辣酱，或 $\frac{1}{2}$ 个新鲜智利，切碎
- 8 个面粉玉米饼
- 带皮的奶酪，例如 Lezay 或 Montrachet，切成 $\frac{1}{2}$ 至 $\frac{3}{4}$ 英寸厚
- 刷玉米饼的橄榄油

方向

a) 在食品加工机或搅拌机中，将大蒜和生姜打成泥，然后加入薄荷、香菜、酸奶、糖、盐和辣酱。旋转直到它形成绿色，略带厚实的糊状物。

b) 铺上 4 个玉米饼，先铺上香菜薄荷混合物，然后铺一层山羊奶酪，再铺上其他玉米饼。

c) 在每个三明治的外面轻轻刷上橄榄油，一次一个，在一个厚重的不粘锅中用中火烹饪。棕色几分钟，直到有轻微的金黄色斑点，在他们做饭的时候用抹刀在他们身上压一点。
d) 用抹刀小心地翻过来；当第二面出现棕色和金色斑点时，奶酪应该融化了。从锅中取出并切成楔形。
e) 立即上菜。

51.

供应 4

原料：

- 4 个 piadine 或中等（12 英寸）面粉玉米饼
- 3—4 汤匙番茄酱
- 1 个成熟的大番茄，切成薄片
- 1-2 瓣大蒜，切碎
- 4—6 盎司新鲜马苏里拉奶酪，切片
- 约 12 叶泰国或越南罗勒（或普通罗勒）
- 约 3 盎司 Gorgonzola 奶酪，切片或粉碎
- 2-3 汤匙新鲜磨碎的帕尔马干酪或其他磨碎的奶酪，如 Asiago 或 grana
- 用于细雨的特级初榨橄榄油

方向

a) 预热肉鸡。
b) 将 piadine 铺在 1 或 2 张烤盘上，撒上一点番茄酱，然后铺上少量番茄，撒上大蒜。在上面放上马苏里拉奶酪、罗勒和戈贡佐拉，撒上帕尔马干酪，然后淋上橄榄油。
c) 烤，如有必要，分批工作，直到奶酪融化，三明治发出咝咝作响。马上上菜。

52. 南瓜米粉油炸卷饼

供应 4

原料：

- 2 个大的温和的绿色辣椒，如阿纳海姆或波布兰诺，或 2 个青椒

- 1 个洋葱，切碎

- 2 瓣大蒜，切碎

- 1 汤匙特级初榨橄榄油

- 1 磅瘦牛肉

- 1/8—1/4 茶匙肉桂粉，或根据口味

- 1/4 茶匙孜然粉 一小撮丁香粉或多香果粉

- 1/3 杯干雪利酒，或干红葡萄酒

- 1/4 杯葡萄干

- 2 汤匙番茄酱

- 2 汤匙糖

- 几杯红酒或雪利酒醋

- 盐

- 黑胡椒

- 如果用甜椒代替辣椒，则加几杯辣椒或塔巴斯科

- ¼杯粗切杏仁
- 2-3 汤匙粗切碎的新鲜香菜，加上额外的装饰用
- 8 个南瓜饼
- 6-8 盎司温和的奶酪，例如 Jack、manchego 或 Mezzo Secco
- 刷玉米饼的橄榄油
- 约 2 汤匙酸奶油装饰

方向

a) 在明火上烤辣椒或辣椒，直到它们被轻微均匀地烧焦。放入塑料袋或碗中，盖上盖子。放置至少 30 分钟，因为蒸汽有助于将皮与肉分开。

b) 准备 picadillo：用中火将洋葱和大蒜在橄榄油中炒至变软，然后加入牛肉一起煮，在烹饪时搅拌和分解肉。当肉变成褐色斑点时，撒上肉桂、孜然和丁香，继续烹饪和搅拌。

c) 加入雪利酒、葡萄干、番茄酱、糖和醋。一起煮 15 分钟左右，不时搅拌；如果它看起来很干，加一点水或更多的雪利酒。用盐、胡椒和辣椒调味，并根据口味调整糖和醋。加入杏仁和香菜，放在一边。

d) 去除辣椒的皮、茎和种子，然后将辣椒切成条状。

e) 摆出 4 个玉米饼并与 picadillo 一起涂抹。加入烤辣椒条，然后加入一层奶酪，在每个上面放第二个玉米饼。用力向下压以将它们固定在一起。

f) 用中高温加热一个沉重的不粘锅。用橄榄油轻轻刷一下油炸玉米粉饼的外面，然后把它们加到锅里，分批工作。

g) 将热量降低到中低，一侧为棕色，然后在需要时用手引导，用抹刀小心地翻转。在第二面煮至斑点呈金黄色，奶酪融化。

h) 立即上桌，切成楔形，用一块酸奶油和香菜装饰。

53. 意大利熏火腿和芝士帕尼尼

供应 4

原料：

- 4 个皮塔饼
- $\frac{1}{2}$ 杯烤、去皮和切片的红辣椒和/或黄辣椒
- 2 瓣大蒜，切碎
- 4 盎司意大利辣香肠，切成薄片
- 4 盎司普罗卧干酪，切丁
- 2 汤匙新鲜磨碎的佩克立诺奶酪
- 4 个意大利或希腊腌辣椒，如胡椒粉，切成薄片
- 用于刷皮塔饼的橄榄油

方向

a) 切开每个皮塔饼的一侧并打开它们以形成口袋。
b) 将辣椒、大蒜、意大利辣香肠、普罗卧干酪、羊乳干酪和辣椒分层放入每个皮塔饼中，然后按紧。在外面轻轻刷上橄榄油。
c) 用中高温加热沉重的不粘锅，或使用三明治机或帕尼尼压榨机。将三明治放入锅中。
d) 将热量降低到最低并加重三明治下来，当你把它们变成褐色时按下。只煮到奶酪融化；你不想让奶酪变褐变脆，只是为了把所有的馅料放在一起。
e) 马上上菜。

54. 烤奶酪蛋白豆粉饼

供应 4

原料：

- 8 个大面粉玉米饼
- 1 汤匙切碎的新鲜龙蒿
- 2 个成熟的大西红柿，切成薄片
- 8-10 盎司微干羊奶酪
- 橄榄油，用于刷玉米饼

方向

a) 把玉米饼放在工作台上，撒上龙蒿，再铺上西红柿。在上面放上奶酪，再盖上第二个玉米饼。

b) 在每个三明治上刷上橄榄油，然后用中火加热一个沉重的不粘锅或平烤架。一次工作 1 个，将油炸玉米饼的一侧煮熟；当它有轻微的金黄色斑点并且奶酪正在融化时，把它翻过来，煮第二面，一边煮一边压平。

c) 立即上桌，切成楔形。

55. 烤乳酪酸菜香肠

供应 4

原料：

- 1-2 根香辣香肠，斜切
- 4 个全麦皮塔饼，口袋打开了
- 3—4 汤匙甜辣芒果酸辣酱
- 2 汤匙切碎的新鲜香菜
- 6-8 盎司成熟切达干酪，粗切碎
- 1 汤匙橄榄油刷面包
- 3 汤匙去壳烤葵花籽

方向

a) 在平底锅中用中火将切好的香肠变成褐色。把它们放在一边用纸巾吸干。

b) 将皮塔饼放在工作台面上。用酸辣酱涂抹里面的一半，然后加入香肠，香菜，最后是奶酪。轻轻按下以关闭，并在外面刷上橄榄油。

c) 用中高温加热沉重的不粘锅或使用帕尼尼压榨机。加入酿皮塔饼，轻轻按压；将热量降低到中等甚至中低。在一侧煮至斑点呈浅金黄色，奶酪融化；翻过来，第二面呈浅棕色。奶酪融化后，从锅中取出。

d) 立即上桌，撒上向日葵种子，并在侧面提供额外的酸辣酱以供轻拍。

56. Prosciutto & Taleggio with Figs on Mesclun

供应 4

原料：

- 8 片非常薄的酸面包或法式长棍面包
- 3 汤匙特级初榨橄榄油，分开
- 3-4 盎司意大利熏火腿，切成 8 片
- 8 盎司成熟的 Taleggio 奶酪，切成 8 个 $\frac{1}{4}$ 英寸厚的小块
- 4 大把沙拉春拌（mesclun）
- 2 汤匙切碎的新鲜细香葱
- 2 汤匙切碎的新鲜山萝卜
- 1 汤匙新鲜柠檬汁盐
- 黑胡椒
- 6 个成熟的黑色无花果，切成四等份
- 1—2 茶匙香醋

方向

a) 在面包上轻轻刷上少量橄榄油，然后放在烤盘上。2 将烤箱预热至 400°F。把面包放在最高的架子上烤大约 5 分钟，或者直到它们刚刚开始变脆。取出冷却，大约 10 分钟。

b) 冷却后，将意大利熏火腿片包裹在 **Taleggio** 片上，并将每片放在一片面包上。在准备沙拉时留出一点时间。
c) 将蔬菜与约 **1** 汤匙橄榄油、细香葱和山萝卜混合，然后加入柠檬汁、盐和胡椒调味。安排在 **4** 个盘子上，用无花果四分之一装饰。
d) 用剩余的橄榄油刷上意大利熏火腿包裹的包裹的顶部，然后放入一个大的耐热煎锅中烘烤 **5** 到 **7** 分钟，或者直到奶酪开始渗出，意大利熏火腿在边缘变脆。
e) 快速取出包裹并排列在每个沙拉上，然后将香醋摇入热锅中。旋转使其变热，然后将其倒在沙拉和烤面包上。马上上菜。

57. 芣麒苔菜水梨

供应 4

原料：

- 8 片酸面包 约 6 盎司 bresaola，切成薄片

- 6 —8 盎司坚果味、可口、融化的奶酪，例如 fontina、Jarlsberg 或 Emmentaler

- 大约 4 杯混合婴儿芝麻菜和水菜，或其他嫩绿色蔬菜，如春季混合物

- 2 个成熟但结实的梨，切成薄片或切丝，加入少许柠檬汁以防止它们变褐

- 1 个青葱，切碎

- 1 汤匙香醋

- 2 汤匙特级初榨橄榄油，加上更多用于刷牙的盐

- 黑胡椒

方向

a) 将 4 片面包放在工作台上，在一侧放上 bresaola，然后在上面放上奶酪，最后在上面放上另一片酸面团。轻轻但牢固地压在一起以密封。

b) 与此同时，将碗中的蔬菜与切好的梨混合。搁置。

c) 在一个小碗里，将葱与香醋和 2 汤匙橄榄油混合，然后用盐和胡椒调味。搁置。

d) 用少量橄榄油刷三明治。用中高温加热三明治压榨机或重型不粘锅，然后将三明治放入锅中。您可能需要分 2 批执行此操作。称重三明治.煮至面包酥脆呈金黄色，然后翻转并在第二面重复，直到奶酪融化。
e) 就在三明治准备好之前，把沙拉和调料一起搅拌。将沙拉分配到 4 个盘子中。三明治准备好后，从锅中取出，切成四等份，然后在每盘沙拉上放 4 个。
f) 马上上菜。

58.

供应 4

原料：

- 大约 $\frac{1}{2}$ 2 个长棍面包，切成 12 个对角线切片，大约 $\frac{1}{2}$ 英寸厚
- 2 汤匙特级初榨橄榄油，或根据需要
- 3 盎司带皮山羊奶酪，例如 Lezay，切成 $\frac{1}{4}$ 到 $\frac{1}{2}$ 英寸厚
- 大量的干或新鲜百里香叶
- 黑胡椒
- 1 汤匙红酒醋，分开
- 大约 6 杯混合蔬菜，例如春季混合蔬菜，包括一点小油菜和芝麻菜
- 2 汤匙切碎的新鲜欧芹、细香葱、山萝卜或组合
- 1 汤匙核桃油
- $\frac{1}{4}$ 杯核桃片

方向

a) 预热肉鸡。
b) 在法式面包切片上刷上少许橄榄油，然后将它们放在烤盘上烤约 5 分钟，或者直到只有一侧呈金黄色。从肉鸡中取出。

c) 把烤好的面包翻过来，在未烤好的一面上，放一片或两片山羊奶酪。你每个三明治的用量取决于你的法式面包片有多大。在顶部淋上一点橄榄油，撒上百里香和黑胡椒，然后在奶酪上滴几滴醋。

d) 与此同时，把沙拉和切碎的香草一起搅拌，用核桃油、剩下的橄榄油和醋调味，撒上核桃片。安排在4个大盘子或浅汤碗中。

e) 将上面有山羊奶酪的吐司放在烤肉机下面，烤约5分钟，或者直到奶酪变软，顶部开始冒泡，奶酪的颜色呈金黄色。

f) 立即将3个热山羊奶酪三明治放在每个盘子上的沙拉上，即可食用。

59.

供应 4

原料：

- 1 头黄油或波士顿比布生菜，修剪并分离成叶子
- 1 个温和的白洋葱，去皮并横向切成薄片
- 4 汤匙特级初榨橄榄油，分开
- 1 茶匙白葡萄酒醋
- 3 个成熟的大西红柿，切成楔形
- 盐
- 黑胡椒
- $\frac{1}{2}$ 法棍面包，切成 12 块对角线切片，约 $\frac{1}{2}$ 英寸厚
- 12 盎司哈罗米，切成 $\frac{1}{2}$ 英寸厚
- 2 个酸橙，切成楔形（或约 2 汤匙新鲜酸橙汁）一小撮干牛至

方向

a) 预热肉鸡。
b) 在一个大碗里，把生菜和洋葱放在一起，然后加入大约 2 汤匙橄榄油和醋。分成 4 个盘子，然后用番茄角装饰每个盘子；在沙拉上撒上盐和胡椒粉，放在一边。

c) 在长棍面包片上刷一些橄榄油，放在烤盘上，两面轻轻烤。搁置。

d) 把哈罗米饼放在烤盘上，刷上一些橄榄油。在一侧烤至斑点变成褐色，然后取出。把每一片奶酪翻过来放在烤面包上，然后再刷上橄榄油，然后放回肉鸡。烤至热，并在斑点上呈浅褐色。

e) 在每个沙拉上放 3 个热的哈罗米吐司，在哈罗米上挤上酸橙汁，然后在沙拉上淋上一点毛毛雨。撒上牛至即可食用。

60.

供应 4

原料：

- 4 片相当厚的 pain au levain，每片切成四等分
- 大约 2 茶匙松露油，或根据口味（不同松露油的味道往往差异很大）
- 2 个成熟的 St. Marcellin 奶酪（每个约 2 $\frac{1}{2}$ 盎司）
- 一撮盐
- 大约 8 盎司年轻的芝麻菜叶（大约 4 杯松散包装）
- 2 汤匙特级初榨橄榄油几杯雪利酒醋

方向

a) 将烤箱预热至 400°F。
b) 将面包片放在烤盘上，在烤箱中轻轻烤两面。从烤箱中取出，在每个面包上撒一点松露油，然后在每个吐司上放大约 1 汤匙圣马塞林奶酪。
c) 用少许盐轻轻撒上奶酪。返回烤箱片刻。
d) 同时，将芝麻菜放在 4 个盘子上。在每个盘子上摇动一点橄榄油，一点松露油，和几滴雪利酒醋。不要折腾，只需让水滴落在盘子上。

e) 30 到 45 秒后从烤箱中取出奶酪吐司。您不希望奶酪完全融化或发出嘶嘶声并变得油腻；你想让它变得有点温暖和奶油味。
f) 在每个沙拉盘上放 4 个热吐司，立即上桌。

61. 草莓吐司

供应 4

原料：

- 8 片中等厚度的软甜白面包，如沙拉面包或奶油蛋卷
- 8-12 汤匙（约 8 盎司）奶油奶酪（低脂即可）
- 约 $\frac{1}{2}$ 杯草莓蜜饯
- 1 杯（约 10 盎司）草莓片
- 2 个大鸡蛋，打散
- 1 个蛋黄
- 约 $\frac{1}{2}$ 杯牛奶（低脂即可）
- 少许香草精
- 糖
- 2-4 汤匙无盐黄油
- $\frac{1}{2}$ 茶匙新鲜柠檬汁
- $\frac{1}{2}$ 杯酸奶油
- 几枝新鲜薄荷，切成薄片

方向

a) 将 4 片面包厚厚地涂上奶油芝士，向两侧逐渐变细，以免奶油芝士在烹饪中渗出，然后将其他 4 片面包与蜜饯一起涂抹。
b) 在奶油芝士上撒上一层薄薄的草莓。
c) 在每片奶酪面包上放一块腌制面包。轻轻但牢固地按压以密封。
d) 在一个浅碗中，混合鸡蛋、蛋黄、牛奶、香草精和约 1 汤匙糖。
e) 用中高温加热一个沉重的不粘锅。加入黄油。将每个三明治一次 1 个浸入装有牛奶和鸡蛋的碗中。让它浸泡一两分钟，然后翻过来重复。
f) 将三明治和融化的黄油一起放入热锅中，让它们煮至金黄色。翻过来，将第二面稍微变成棕色。
g) 同时，将剩余的草莓与糖和柠檬汁混合。
h) 每个三明治一做好就上桌，用一勺或两勺草莓和一团酸奶油装饰。
i) 也撒上一些薄荷。

62. 面包三明治

供应 4

原料：

- $\frac{3}{4}$ 杯包装淡红糖

- $\frac{1}{4}$ 杯糖，分开的

- 5-6 丁香

- 1/8 茶匙肉桂粉，加上额外的用于在顶部摇晃

- 1 个大而浓郁的苹果，例如史密斯奶奶，未去皮并切成薄片

- $\frac{1}{4}$ 杯葡萄干

- $\frac{1}{2}$ 茶匙香草精

- 8 片厚（$\frac{3}{4}$ 到 1 英寸）的法式面包片，最好是不新鲜的

- 6-8 盎司温和的可融化奶酪，例如杰克，或非常温和的白色切达干酪，切片

- $\frac{1}{2}$ 杯切碎的焯过的杏仁或松子

- 约 3 汤匙黄油

- 1 汤匙橄榄油

方向

a) 我na厚底平底锅，将红糖与2汤匙糖、丁香和肉桂混合。加入2杯水，搅拌均匀。

b) 放在中高火上煮沸，然后将热量降至中低，直到液体形成轻微的沸腾。煮15分钟，或直到它形成糖浆。加入苹果片和葡萄干，然后再煮5分钟。从火上移开，加入香草。

c) 一个将面包片排列在工作台面上。在每片面包上舀一勺热糖浆，每片几汤匙。小心地把每一块翻过来，用勺子把热糖浆舀到第二面。离开约30分钟。

d) 在面包上再舀一点糖浆，每片面包大约一汤匙左右。面包会因为吸收了甜味糖浆而变得非常柔软并且有散开的风险，所以在处理它时要小心。再留15分钟左右。

e) 将一片奶酪放在4片浸泡过的面包上。在每个上面放上大约1/4的苹果、葡萄干和少许杏仁（最后留一些）。在上面放上剩下的面包片，形成4个三明治。一起按。

f) 用中高温加热一个沉重的不粘锅，然后加入大约1汤匙黄油和橄榄油。当黄油起泡并变成褐色时，加入三明治。把火调到中火煮，用抹刀轻轻按压。当三明治变成褐色时调整热量，根据需要降低它以保持糖浆中的糖变成褐色但不燃烧。

g) 把三明治翻几下，在锅里加入更多的黄油，注意不要让三明治在翻动时散开。每隔一段时间按一次，直到三明治的外面变成褐色和酥脆，奶酪融化了。

h) 在它们达到这种状态前一两分钟,把剩下的杏仁扔进锅里,让它们稍微烤一下,变成褐色。在三明治和杏仁上撒上剩下的 **2** 汤匙糖。
i) 立即上桌,每个三明治都撒上烤杏仁。

63. 谷物芝士堡

产量：4 份

原料：
- 1½ 杯蘑菇，切碎
- ½ 杯洋葱，切碎
- 1 汤匙人造黄油
- ½ 杯燕麦片，常规
- ½ 杯糙米，煮熟
- ⅔ 杯切碎的奶酪，马苏里拉
- 或切达干酪
- 3 汤匙核桃，切碎
- 3 汤匙白干酪或乳清干酪
- 低脂
- 2 个大鸡蛋
- 2 汤匙欧芹，切碎
- 椒盐

方向

a) 在一个 10 到 12 英寸的不粘锅中，用中火加热蘑菇和洋葱，直到蔬菜变软，大约 6 分钟。加入燕麦，搅拌 2 分钟。

b) 从火上移开，稍微冷却，然后加入煮熟的米饭、奶酪、核桃、干酪、鸡蛋和欧芹。加入盐和胡椒调味。在涂油的 12X15 英寸烤盘上切成 4 个肉饼，每个 $\frac{1}{2}$ 英寸厚。

c) 烤 3 英寸，转动一次，总共 6 到 7 分钟。与蛋黄酱、洋葱圈和生菜一起在面包上食用。

64. 黑松露牛肉堡佐芥末乳酪

产量：1 份

原料：

- 2 磅碎安格斯牛肉
- 3 个烤白胡椒，去籽；切成三等份
- 6 片黄色切达干酪
- 6 个汉堡卷
- 婴儿红橡生菜
- 腌制红洋葱
- 波布兰诺胡椒香醋
- 盐和现磨黑胡椒

方向

a) 准备木柴或木炭火，让它烧成灰烬。

b) 在一个大碗里用盐和胡椒调味安格斯牛肉。冰箱内冷藏直到使用。准备好使用时，形成 1 英寸厚的圆盘。

c) 每边烤五分钟，半熟。在最后五分钟内加入切达干酪。烤完后，在面包卷的一半上放上汉堡，在上面放上小红橡木、波布兰诺辣椒、香醋和腌红洋葱。立即上菜。

65. 烤美國酥露玉胎

产量：4 份

原料：

- 8 片白面包
- 黄油
- 准备好的芥末
- 8 片美国奶酪
- 8 片番茄

方向

a) 对于每个三明治，在 2 片白面包上涂上黄油。用准备好的芥末涂抹未涂黄油的面，在面包之间放两片美国奶酪和两片番茄，涂黄油的面朝外。

b) 在煎锅的两面煎成棕色或烤至奶酪融化。

66. 烤乳酪

产量：2 份

原料：

- 1 个小红苹果
- $\frac{1}{2}$ 杯 1% 低脂干酪
- 3 汤匙切碎的紫洋葱
- 2 个英国酵母松饼，分开烤
- $\frac{1}{4}$ 杯碎蓝纹奶酪

方向

a) 苹果去核，横向切成 4 个（1/4 英寸）环；搁置。

b) 将干酪和洋葱放在一个小碗里，搅拌均匀。在每半个松饼上涂抹大约 2-$\frac{1}{2}$ 汤匙白软干酪混合物。

c) 在每个松饼一半上放 1 个苹果圈；将碎蓝纹奶酪均匀地撒在苹果圈上。放在烤盘上。

d) 从火上烤 3 英寸 1-$\frac{1}{2}$ 分钟或直到蓝纹奶酪融化。

67. 烤杏仁糖酥卷

产量：1份

原料：

- 250克小茄子；切成片
- 4汤匙橄榄油
- 250克硬山羊奶酪
- 磨碎的果皮和1个柠檬汁
- 120克新鲜平叶欧芹；切碎的
- 115克罗勒叶；撕成碎片
- 盐和现磨黑胡椒

方向

a) 将烤架预热至中等温度。

b) 将茄子片放在烤盘上，轻轻刷上1-2汤匙油。每边煮2-3分钟或直到金黄色变软。让其冷却。

c) 在一个碗里，将切块的奶酪与柠檬皮和果汁以及一些平叶欧芹和罗勒混合。

d) 将一块奶酪放在茄子片上。卷起并用鸡尾酒棒固定。重复此过程，直到使用所有成分。

e) 将面包卷放入碗中，淋上剩余的油，撒上剩余的香草并调味。

68. 核桃芝文酪明治

产量：1 份

原料：

- 1 杯碎蓝纹奶酪；（约 8 盎司）
- ½ 杯切碎的烤核桃
- 16 片全麦面包；修剪成
- ；无壳 3 英寸
- ；正方形
- 16 个小豆瓣小枝
- 6 汤匙黄油；（3/4 棒）

方向

a) 将奶酪和核桃平均分在 8 个面包方块中。在每个顶部放 2 根豆瓣菜小枝。

b) 撒上胡椒粉，在上面撒上剩余的面包块，总共做 8 个三明治。轻轻按在一起以粘附。（可以提前 4 小时制作。盖上盖子冷藏。）

c) 在大不粘锅或平底锅中用中火融化 3 汤匙黄油。在烤盘上煮 4 个三明治，直到金黄色和奶酪融化，每边约 3 分钟。

d) 转移到砧板上。用剩下的 3 汤匙黄油和 4 个三明治重复上述步骤。

e) 将三明治对角切成两半。转移到盘子里上菜。

69. 烤火腿起司三明治

产量：1 份

原料：

- ¼ 杯（1/2 棒）黄油；室内温度
- 1 汤匙第戎芥末
- 2 茶匙切碎的新鲜百里香
- 2 茶匙新鲜欧芹碎
- 8 片 6x4 英寸的乡村风味面包；（约 1/2 英寸厚）
- ½ 磅切达干酪；薄的切片
- ¼ 磅烟熏火腿薄片
- ½ 个小红洋葱；薄的切片
- 1 个大番茄；薄的切片

方向

a) 在碗中混合前 4 种成分。用盐和胡椒调味。在工作台面上排列 4 片面包片。

b) 将一半奶酪平均分配在面包片中。上面是火腿，然后是洋葱、番茄和剩余的奶酪。顶部三明治和剩余的面包。在三明治顶部和底部的外面涂上香草黄油。

c) 用中火加热大不粘锅。加入三明治，煮至底部呈金黄色，约 3 分钟。把三明治翻过来，盖上锅盖煮至奶酪融化，面包呈金黄色，大约需要 3 分钟。

70. 培根起司派

产量：100 份

原料：

- 12 磅培根；切片
- 5 3/16 磅奶酪
- 2 磅黄油打印肯定
- 200 片面包

方向

a) 煎培根

b) 在每个三明治上放 1 片奶酪和 2 片培根。

c) 用黄油或人造黄油轻轻刷三明治的顶部和底部。

d) 烤至三明治两面呈浅棕色，奶酪融化。

71. 烤蘑菇式麵包

产量：4 份

原料：

- 8 片（1/2 英寸）厚的乡村面包片
- $\frac{1}{4}$ 杯橄榄油与 4 瓣压碎的大蒜混合
- 1 杯蒙特利杰克奶酪，细磨
- 8 盎司软山羊奶酪
- 2 汤匙粗磨黑胡椒
- 2 汤匙切碎的牛至

方向

a) 预热烤架。用大蒜油刷每片面包。烤，油面朝下，直到略呈金黄色。

b) 将每一片翻过来，在上面放上 2 汤匙 Monterey Jack、1 盎司山羊奶酪、黑胡椒和牛至。

c) 烤到奶酪刚刚开始融化。

72. 烤酪餐

产量：4 份

原料：

- 8 片酸面团或杂粮
- 面包
- $\frac{1}{2}$ 杯蔓越莓酱
- 6 盎司火鸡，煮熟切片
- 4 盎司切达干酪，温和的或
- 锋利，切成薄片
- 黄油

方向

a) 在 4 片面包上撒上蔓越莓酱；上面放火鸡、奶酪和剩余的面包片。

b) 用黄油轻轻涂抹在三明治外面；在大煎锅中用中低火煮至两面变成褐色。

73. 法式焗酪

产量：4 份

原料：

- 2 个鸡蛋——打散
- $\frac{1}{4}$ 杯牛奶
- $\frac{1}{4}$ 杯干雪利酒
- $\frac{1}{4}$ 茶匙伍斯特沙司
- 8 片白面包或全麦面包
- 4 片切达干酪

方向

a) 在一个浅碗里，混合鸡蛋、牛奶、雪利酒和伍斯特郡。

b) 组装 4 个奶酪三明治，然后将每个三明治浸入鸡蛋混合物中，然后在黄油中慢慢烧烤，转动一次，两面都呈金黄色。

74. 烤麵包

产量：10 份

原料：

- 1 包（3 盎司）奶油奶酪；软化
- 2 汤匙黄油或人造黄油；软化
- 1 杯切碎的马苏里拉奶酪
- $\frac{1}{4}$ 杯切碎的葱
- $\frac{1}{2}$ 茶匙大蒜盐
- 1 条法式面包；切片

方向

a) 在搅拌碗中，打奶油芝士和黄油。加入奶酪、洋葱和大蒜盐；拌匀。涂在每片面包的两面。用一大块重型箔纸包裹面包；密封严实。

b) 烧烤，盖满，在中等煤上烤 8-10 分钟，转动一次。打开箔纸；再烤 5 分钟。

75. 烤芝士三明治

产量：4 份

原料：

- 1 个鸡蛋
- 1 杯牛奶
- $\frac{3}{4}$ 杯面粉
- $2\frac{1}{2}$ 杯 Meunster 奶酪——切丝
- $\frac{1}{2}$ 茶匙盐
- 2 杯火腿，碎培根——
- 切丁
- $\frac{1}{8}$ 茶匙胡椒粉
- 蘑菇
- 1 茶匙牛至
- 胡椒

方向

a) 在一个小搅拌碗中，混合鸡蛋、面粉、盐、胡椒和一半牛奶。

b) 使用旋转打蛋器，打至光滑。加入剩余的牛奶，搅拌均匀。加入 1/2 的奶酪和火腿或培根，倒入抹了油的 8 英寸馅饼盘或 2 夸脱烤盘中。

c) 在 425F 烘烤 30 分钟。将剩余的奶酪撒在上面并烘烤直到奶酪融化（2 分钟）

76. 烤酪

产量：4 份

原料：

- 2 茶匙第戎芥末
- 8 盎司三明治卷，（4 卷）分开烤
- $\frac{3}{4}$ 盎司脱脂美国奶酪片，（8 片）
- 1 杯切碎的罐装朝鲜蓟心
- 1 个番茄，切成 1/4 英寸厚
- 2 汤匙无油意大利调料

方向

a) 在每卷的上半部分涂上 $\frac{1}{2}$ 茶匙芥末；搁置。

b) 将面包卷的下半部分放在烤盘上。在每个上面放 2 片奶酪、1/4 杯洋蓟片和 2 片番茄；淋上 1-$\frac{1}{2}$ 茶匙调料。烤 2 分钟或直到奶酪融化。盖上面包卷。产量：4 份。

77. 奥百利拉酪

产量：1 份

原料：

- 2 片白面包或鸡蛋面包；（查拉）
- 少量蛋黄酱
- 瑞士芝士
- 成熟番茄薄片
- 盐和胡椒

方向

a) 在每一片面包上涂上奥利瓦达和一点蛋黄酱。

b) 在面包之间夹一两片奶酪，有或没有一片番茄。

c) 在每一面炒或烤三明治，直到奶酪融化。

78. 烤面包配鳄梨

产量：1 份

原料：

- 3 盎司全脂马苏里拉奶酪
- ½ 成熟的加州鳄梨
- 2 汤匙无盐黄油；软化
- 4 片硬黑麦片
- 1 汤匙第戎芥末
- 6 盎司烟熏火鸡薄片
- 可以在 45 分钟或更短的时间内准备好。

方向

a) 在每个面包片的一侧涂上黄油，然后将面包片翻过来。

b) 在面包片上涂上芥末，在上面两片放上马苏里拉奶酪、鳄梨和火鸡。

c) 用盐和胡椒调味火鸡，在上面放上剩下的 2 片面包片，涂黄油的面朝上。

d) 用中火加热一个重煎锅，直到变热，但不要冒烟，然后煮三明治，直到面包变脆，奶酪融化，每边大约 1.5 分钟。

e) 三明治配黄瓜沙拉。

79. 山核桃佐西红柿三明治

产量：1 份

原料：

- 125 克山羊奶酪
- 1 瓣大蒜；碎
- 半个柠檬；热情的
- 50 克黑橄榄；扔石头和切碎
- 1 鸡胸肉
- 橄榄油
- 1 片乡村面包
- 几片扁平的欧芹叶
- 1 个小葱；切片

方向

a) 将前四种成分混合并放在一边。

b) 给鸡肉调味，刷上橄榄油，每边烤 6-8 分钟或直到煮熟。

c) 烤面包，然后涂在奶酪混合物上。把鸡肉切片，放在上面。

d) 最后将欧芹和小葱倒入少许橄榄油中，然后放在上面。

80. 烤起司三明治

产量：2份

原料：

- 4片白面包或小麦面包
- 2茶匙辣椒泥
- 5盎司奶酪——切丝或薄
- 1个成熟的番茄——切片
- 切成薄片的红洋葱
- 香菜叶——粗
- 切碎的
- 软黄油

方向

a) 在每一片面包上涂上一层薄薄的辣椒泥，或者如果你喜欢你的三明治真的很热，可以涂上更多。

b) 用一层奶酪、番茄和洋葱片以及你喜欢的香菜盖住底部切片。在上面放第二片面包和黄油。

c) 将三明治，黄油面朝下，放入铸铁煎锅中。在面包的顶部也涂上黄油，慢慢煮三明治。

d) 当底部呈金黄色时，把它翻过来，在另一边煮。当面包变脆变金黄色时，盖上锅盖会帮助奶酪融化。

e) 马上吃。

83. 煙燻起司雞肉

产量：4 份

原料：

- 3 盎司奶油芝士，软化
- $\frac{1}{2}$ 杯碎蓝纹奶酪
- $\frac{1}{4}$ 杯切碎的核桃
- 3 汤匙韭菜，分开
- $\frac{3}{4}$ 茶匙胡椒粉，分开
- 8 去骨去皮鸡胸肉
- $\frac{1}{2}$ 杯黄油
- 1 瓣大蒜，大的，切碎的

方向

a) 混合奶酪、核桃、1 汤匙韭菜和 1/4 茶匙胡椒；搁置。将鸡胸肉捣成均匀的厚度，大约 1/4 英寸。

b) 将约 1 汤匙奶酪混合物涂抹在 4 块鸡胸肉的中心，四周留出 $\frac{1}{2}$ 英寸的边框；保留剩余的奶酪混合物。

c) 顶部有剩余的乳房。

d) 用肉捣碎器敲打以牢固地密封边缘。在小平底锅中混合黄油、大蒜、剩余的 2 汤匙细香葱和 $\frac{1}{2}$ 茶匙胡椒粉。中低火加热至黄油融化。从热源中取出。用黄油混合物大量刷鸡肉。

e) 把鸡肉放在烤架上，放在中等大小的煤上；烤 12 到 16 分钟，转动一次或直到鸡肉煮透并且汁液清澈。

f) 在烹饪时间结束时，在每份上放一团剩余的奶酪混合物。立即上菜。

84. 烤肉配芝致酪

产量：4份

原料：

- 3 到 4 盎司蓝奶酪，碎
- 6 个蛋黄
- 1 茶匙埃默里尔的伍斯特郡
- 酱
- 1 个柠檬汁
- 盐和破裂的黑色
- 胡椒
- $\frac{1}{2}$ 杯浓奶油
- 6（8 盎司）牛肉片
- 2 汤匙橄榄油
- 本质
- 1.5 磅新土豆，四分之一
- 1 块黄油（8 汤匙）
- 立方
- 盐，适量
- $\frac{1}{2}$ 杯重奶油

- 1 磅脆培根，切碎
- ½ 杯酸奶油
- 3 杯 Emeril 自制
- 伍斯特沙司
- 关注
- 2 汤匙切碎的洋葱

方向

a) 在带有金属刀片的食品加工机中，将奶酪、蛋黄、伍斯特沙司和 1 个柠檬汁混合在一起，直到光滑，大约 2 分钟。用盐和胡椒粉调味。

b) 在机器运转的情况下，慢慢加入 ½ 杯奶油，搅拌至天鹅绒般柔滑。

c) 如果奶酪没有丝带般的质地，再加一点奶油。用 1 汤匙橄榄油、盐和黑胡椒粉调味鱼片的两面。在一个大煎锅中，加热剩余的橄榄油。

d) 当油热时，将鱼片四面煎 2 分钟。从锅中取出鱼片，放在衬有羊皮纸的烤盘上。

e) 将奶酪舀在每个鱼片上。将鱼片放入烤箱中烘烤 8 至 10 分钟，以达到中等稀有度。把土豆放在平底锅里，加水盖上。用盐调味水。把液体煮沸，然后用文火炖。

f) 将土豆煮至叉子变软，大约 10 分钟。把土豆从火上移开并沥干。把土豆放回锅里。

g) 将平底锅放回炉子上，中火加热，搅拌土豆 1 分钟，这样可以去除土豆中多余的水分。加入黄油和奶油。用盐和胡椒调味。把土豆捣碎，直到稍微光滑。将培根和酸奶油拌入土豆泥中。

h) 如果需要，重新调味土豆。上菜时，把土豆堆在每个盘子的中央。将鱼片直接放在土豆上。将烤盘中剩余的酱汁舀在每个鱼片上。将伍斯特沙司舀在每个鱼片上。用葱装饰。

85. 烤南瓜酪饼

产量： 16 份

原料：

- 16 片白面包或全麦面包
- 8 片杰克等白奶酪
- 4 个大去核黑橄榄
- 8 片切达干酪
- 1 罐切碎的黑橄榄
- 4 个大的去核绿橄榄
- 12 片甜椒

方向

a) 将幽灵饼干刀压入 1 片面包片中。撕下并丢弃刀具周围多余的面包；把鬼形面包放在一边。再重复 7 片面包片。用南瓜饼干刀，用同样的方法把剩下的面包切成南瓜形状。

b) 将"鬼"和"南瓜"在肉鸡下烤至金黄色，约 1 分钟。翻转并在另一侧重复。

c) 从烤箱中取出面包并放在一边。使用幽灵饼干切割器从白奶酪片中切出 8 个幽灵形状。用一把锋利的小刀在每个白奶酪片上切两个眼孔。确保"眼睛"足够大,以便在奶酪融化时保持睁开。将黑橄榄纵向切成两半。

d) 放在鬼眼会去的鬼面包片上。将 1 个鬼形切片白奶酪放在 1 个鬼形面包片上,橄榄上有眼孔。用剩下的鬼面包和白奶酪重复。

e) 使用南瓜饼干切割器从橙色奶酪片中切出 8 个南瓜形状。在每个奶酪片上切下 2 个眼孔和嘴巴。用切碎的黑橄榄覆盖南瓜面包片的表面。将绿橄榄纵向切成两半。

f) 将一片绿色橄榄片放在茎上并修剪以适合。将橙色奶酪放在面包和橄榄上。将青椒片放入口孔中供口。

g) 将所有三明治放在烤盘上,放在烤肉机下,直到奶酪稍微融化,1 到 2 分钟。产出 16 个三明治。

86. 葡萄叶卷肉酪

产量：16 份

原料：

- 16 片新鲜的大葡萄叶
- （或用盐水包装的葡萄叶）
- 1 磅易碎山羊奶酪，如 Montrachet
- $\frac{1}{2}$ 杯特级初榨橄榄油；加
- 1 汤匙特级初榨橄榄油
- 现磨黑胡椒

方向

a) 将新鲜葡萄叶浸泡在冰水中至少 30 分钟。使用前拍干。如果使用的话，用盐水冲洗叶子，然后拍干。

b) 将奶酪和 1 汤匙油捣碎。搁置。从葡萄叶上去除茎。

c) 将剩余的 $\frac{1}{2}$ 杯油倒入浅盘中。将 1 片叶子的暗面浸入油中。将叶子涂油的一面朝上放在工作台面上。将 1 汤匙奶酪混合物放在叶子的中心，并用大量的胡椒粉调味。

d) 将叶子的侧面和顶部和底部折叠在奶酪上以形成正方形。将接缝面朝下放在干净的盘子上。用剩余的叶子重复。

e) 在中等热的煤上烧烤，接缝面朝下，直到叶子不再是鲜绿色并且有很好的刻痕，大约 2 分钟。转动并烤另一面约 2 分钟。或靠近热源烤。产生 16 片叶子。

87. 意especiallyfunny 烤奶酪

产量：4 份

原料：

- 4 片意大利面包；1 英寸厚
- 4 片马苏里拉奶酪或普罗卧干酪
- 3 个鸡蛋
- $\frac{1}{2}$ 杯牛奶
- $\frac{3}{4}$ 茶匙意大利调味料
- $\frac{1}{2}$ 茶匙大蒜盐
- $\frac{2}{3}$ 杯意大利调味面包屑

方向

a) 在每片面包上切一个 3 英寸的口袋；在每个口袋里放一片奶酪。在一个碗里，打鸡蛋、牛奶、意大利调味料和大蒜盐；将面包每面浸泡 2 分钟。裹上面包屑。

b) 在抹了油的热烤盘上煎至两面金黄。

88. 开面酪番茄三明治

产量： 3 份

- 3 片 1 英寸厚圆形有机面包
- 1 个番茄；切成 1/2 英寸厚
- 6 片白切达干酪；切成三角形
- 盐; 去尝尝
- 现磨黑胡椒; 去尝尝

方向

a) 在烤箱中烤面包圈。将切达干酪放在面包圈上。

b) 在烤箱里烤到奶酪融化。

c) 顶级奶酪配番茄片。盐和胡椒调味。服务。制作 3 个开口三明治。

89. 番茄红蓝酪

产量：4 份

原料：

- 1 个大红牛排番茄；切片
- 1 个大黄牛排番茄；切片
- 1 个大红百慕大洋葱；切片
- $\frac{1}{4}$ 杯橄榄油
- 2 汤匙干牛至
- 盐；去尝尝
- 现磨黑胡椒；去尝尝
- 1 个酵母三明治面包；切片
- 黄油；在室温下
- 2 汤匙新鲜迷迭香叶；切碎的
- 新鲜的黑胡椒
- 1 小束芝麻菜叶；洗得很干净
- 8 盎司蓝纹奶酪；崩溃了

方向

a) 用油刷西红柿和洋葱片，撒上牛至，用盐和胡椒调味。快速将蔬菜两面烤至完全烧焦。在烤面包机或肉鸡下烤面包片。

b) 在吐司上涂上一层薄薄的软黄油，将切碎的迷迭香撒在涂了黄油的面包上，轻轻撒上黑胡椒粉。

c) 将芝麻菜叶、烤番茄和洋葱放在一半的烤酸面团上，制作三明治。将未夹心的面包保留在三明治的顶部。将碎蓝纹奶酪铺在蔬菜上，然后在烤肉机下快速运行打开的三明治。

d) 在上面放上另一片烤面包，然后上桌。

90.

做 4 个 po'boys

原料：

- 3 汤匙橄榄油
- 4 个波多贝罗蘑菇帽，轻轻冲洗，拍干，切成 1 英寸的小块
- 1 茶匙卡津调味料
- 盐和现磨黑胡椒
- 1/4 杯纯素蛋黄酱
- 4 个硬皮三明治卷，水平减半
- 4 片熟番茄
- 1 1/2 杯生菜丝
- 塔巴斯科辣椒酱

方向

a) 在一个大煎锅里，用中火加热油。加入蘑菇，煮至焦黄变软，大约 8 分钟。

b) 用卡津调味料、盐和胡椒调味。搁置。

c) 将蛋黄酱涂在每个面包卷的切边上。

d) 在每卷的底部放一片番茄，上面放生菜丝。把蘑菇片放在上面，撒上塔巴斯科调味，再放上另一半卷，然后上桌。

91.

做 4 个三明治

原料：

- $1\frac{3}{4}$ 杯水
- 1 杯中磨碎干小麦
- 盐
- 1 汤匙橄榄油
- 1 个小红洋葱，切碎
- 1/2 中等红甜椒，切碎
- （14.5 盎司）罐装碎番茄
- 1 汤匙糖
- 1 汤匙黄色或辣棕色芥末
- 2 茶匙酱油
- 1 茶匙辣椒粉
- 现磨黑胡椒
- 4 个三明治卷，水平减半

方向

a) 在一个大平底锅里，用高温将水煮沸。加入碾碎干小麦并轻轻加盐。盖上盖子，从火上移开，放在一边，直到碾碎干小麦变软，水分被吸收，大约 20 分钟。

b) 与此同时，在一个大煎锅中，用中火加热油。加入洋葱和甜椒，盖上盖子，煮至软，大约 7 分钟。加入西红柿、糖、芥末、酱油、辣椒粉、盐和黑胡椒调味。炖 10 分钟，经常搅拌。

c) 用勺子将碾碎干小麦混合物舀到每个面包卷的下半部分，将另一半放在上面，然后上桌。

92. 松江三明治

做 4 个三明治

原料：
- 1 杯切碎的去核卡拉马塔橄榄
- 1 杯切碎的甜椒馅绿橄榄
- 1/2 杯切碎的胡椒粉（泡椒）
- 1/2 杯罐装烤红辣椒
- 2 汤匙刺山柑
- 3 个洋葱，切碎
- 3 个李子西红柿，切碎
- 2 汤匙切碎的新鲜欧芹
- 1/2 茶匙干马郁兰
- 1/2 茶匙干百里香
- 1/4 杯橄榄油
- 2 汤匙白葡萄酒醋
- 盐和现磨黑胡椒
- 4 个硬皮三明治卷，水平减半

方向

a) 在一个中等大小的碗里，混合卡拉马塔橄榄、绿橄榄、意大利辣香肠、红辣椒、刺山柑、大葱、西红柿、欧芹、马郁兰、百里香、油、醋、盐和黑胡椒调味。搁置。

b) 拉出一些三明治卷的内部，为馅料腾出空间。将填充混合物舀入卷的下半部分，轻轻包装。顶部有剩余的半卷和服务。

配菜

93. 蕃茄湯

服务 4

原料：

- 1 汤匙黄油
- 1 个洋葱，切碎
- 1 瓣大蒜，切碎
- 1½ 茶匙面粉
- 3 杯鸡肉或蔬菜汤
- 14 盎司罐装西红柿
- 1 片月桂叶
- 盐
- 黑胡椒
- 2 汤匙罗勒香蒜酱
- 1—2 汤匙浓奶油
- 8-12 片新鲜罗勒叶，撕成小块

方向

a) 在一个大的厚底平底锅中融化黄油，然后加入洋葱和大蒜，用中低火轻轻烹饪，直到它们变软并呈金黄色，但不要变成褐色。

b) 撒上面粉，煮，搅拌，大约 1 分钟，然后倒入肉汤，加入番茄和番茄汁，以及月桂叶、盐和胡椒调味。煮沸，然后把火调低，盖上锅盖，慢慢炖 15 到 20 分钟。

c) 取出月桂叶并丢弃。用有槽的勺子，把汤的固体移到食品加工机或搅拌机中，然后打成泥，根据需要加入尽可能多的液体，使混合物变得光滑。将果泥放回锅中，搅拌使其与剩余的液体混合。

d) 加热，加入香蒜酱，尝尝调味料，然后上桌。用少许奶油或一团鲜奶油装饰每个碗，再撒上新鲜罗勒叶。

94. 西葫蘆醃泡

制作大约 4 夸脱的罐子

原料：

- 与烧烤汉堡或金枪鱼融化等全美夏季美食完美搭配。

- 4—5 磅西葫芦或西葫芦（任何大小），切成 $\frac{1}{4}$ 到 $\frac{1}{2}$ 英寸的切片或块

- 6 个白洋葱，纵向切片

- 1 个青椒，切碎

- 1 个红甜椒，切碎

- 5 瓣大蒜，切片

- $\frac{1}{2}$ 杯粗盐

- 约 3 杯粗碎冰

- 5 杯装红糖

- 3 杯苹果醋

- 3 汤匙芥菜籽

- 1 汤匙姜黄

- 1 汤匙芹菜籽

方向

a) 在一个大的、非反应性的碗或锅中，将西葫芦、洋葱、辣椒和大蒜与盐和冰混合。搅拌均匀，静置 3 小时。排出蔬菜上的液体。

b) 在一个沉重的、大的、无反应的平底锅中，将沥干的蔬菜与红糖、苹果醋、芥菜籽、姜黄和芹菜籽混合。

c) 一起加热至沸腾。用勺子舀进消毒过的罐子里，按照罐子的说明密封。

95. 糖醋青椒

大约 2 杯

原料：

- 3 个红灯笼椒或 2 个红灯笼椒和 1 个黄灯笼椒
- 大约 2 汤匙温和的白葡萄酒或红酒醋
- 1 瓣大蒜，切碎
- 1 茶匙糖盐

方向

a) 将辣椒放在燃气灶顶部的明火上或肉鸡下面烤。

b) 将辣椒放在热源附近，边煮边转动，让它们均匀烧焦。

c) 将辣椒从火上移开，放入塑料袋或碗中。密封或盖紧，蒸至少 30 分钟；蒸汽会将辣椒的皮与肉分开。辣椒可以放在袋子或碗里过夜。

d) 剥去并丢弃黑烧焦的辣椒皮，然后去除茎和种子。将肉上的大部分黑色烧焦物质冲洗干净，方法是将它们放在流水下并在这里和那里摩擦。一些变黑的皮肤斑点，以及留下的未剥皮的胡椒区域，都很好。

e) 将辣椒切片，放入碗中，加入醋、大蒜、糖、一大撮盐和约 1 汤匙水。盖紧，冷藏至少一天。

96. 酸甜醃床

制作 $\frac{1}{2}$ 杯

原料：

- $\frac{1}{4}$ 杯温和的第戎或全麦芥末配 1 杯芒果酸辣酱
- $\frac{1}{2}$ 茶匙咖喱粉

方向

a) 结合一切。
b) 享受。

97. 芥酱甜菜

制作 $\frac{1}{4}$ 杯

原料：

- $\frac{1}{4}$ 杯温和的第戎芥末
- 1-2 个青葱，切碎
- 2 汤匙切碎的新鲜细香葱

方向

c) 结合一切。
d) 享受。

98. 芥末酱

大约 $\frac{1}{4}$ 杯

- 2汤匙温和的第戎芥末
- 2—3汤匙全麦芥末
- 1—2茶匙新鲜磨碎的去皮生姜，品尝

方向

a) 结合一切。
b) 享受。

99. 味噌竹笋酱

大约 $\frac{1}{4}$ 杯

原料：

- $\frac{1}{4}$ 杯温和的第戎芥末
- $\frac{1}{2}$ 茶匙磨碎的柠檬或酸橙皮
- 1-2 茶匙新鲜柠檬或酸橙汁

方向

a) 结合一切。
b) 享受。

100. 蒜蓉芥末酸辣醬

大约 $\frac{1}{4}$ 杯

原料：

- 3 汤匙温和的第戎芥末
- 1 汤匙切碎的烤红辣椒
- 1 瓣大蒜，切碎
- 一大撮普罗旺斯香草

方向

a) 结合一切。
b) 享受。

结论

不起眼的烤奶酪是我们小时候喜欢的食物之一，但从来没有真正想过为什么它对我们的味蕾有如此多的控制。......这是因为第五种味道，鲜味，特别是一种氨基酸，它能让我们的味蕾发痒，体验烤奶酪三明治的独特风味！